AF543935

Pema Chödrön

Die drei Versprechen

PEMA CHÖDRÖN

Die 3 Versprechen

WAS UNS HALT GIBT, WENN DAS LEBEN UNS HERAUSFORDERT

Aus dem Amerikanischen
von Susanne Kahn-Ackermann

Anaconda

Titel der amerikanischen Originalausgabe:
Living Beautifully With Uncertainty and Change,
erschienen 2012 bei Shambhala Publications Inc., Boulder.

Auf Deutsch erstmals 2014 bei Arkana in der
Penguin Random House Verlagsgruppe, München.
© 2012 by Pema Chödrön
Published by arrangement with
Shambhala Publications, Inc., Boulder, USA

Der Verlag behält sich die Verwertung der urheberrechtlich
geschützten Inhalte dieses Werkes für Zwecke des Text- und
Data-Minings nach § 44 b UrhG ausdrücklich vor.
Jegliche unbefugte Nutzung ist hiermit ausgeschlossen.

Penguin Random House Verlagsgruppe FSC® N001967

Die Deutsche Nationalbibliothek verzeichnet diese Publikation
in der Deutschen Nationalbibliografie; detaillierte bibliografische
Daten sind im Internet unter http://dnb.d-nb.de abrufbar.

© dieser Ausgabe 2024 by Anaconda Verlag,
einem Unternehmen der Penguin Random House Verlagsgruppe
GmbH, Neumarkter Straße 28, 81673 München
© der deutschen Übersetzung 2014 by Arkana,
Penguin Random House Verlagsgruppe GmbH
Alle Rechte vorbehalten.
Umschlagmotiv: Adobe Stock/«MysticaLink»
Umschlaggestaltung: www.katjaholst.de
Satz und Layout: KompetenzCenter, Mönchengladbach
Druck und Bindung: GGP Media GmbH, Pößneck
Printed in Germany
ISBN 978-3-7306-1441-9
www.anacondaverlag.de

Mögen die Bestrebungen
von Chögyam Trungpa Rinpoche
des Druk Sakyong
des Dorje Dradül von Mukpo
sich rasch erfüllen

Inhalt

Vorwort

Die hier präsentierten Lehren wurden 2009 in Gampo Abbey gegeben, einem tibetisch buddhistischen Kloster in Cape Breton, Nova Scotia. Sie fanden im Rahmen eines sechswöchigen Winter-Retreats statt (bekannt als Yarne) und gründen sich in lockerer Form auf traditionelles buddhistisches Material, das sich mit den sogenannten »Drei Gelübden« befasst: dem Pratimoksha-, dem Bodhisattva- und dem Samaya-Gelübde.

Dieses Material wird üblicherweise mit dem Verständnis dargeboten, dass die Gelübde formell im Beisein eines Lehrers geleistet werden. Als Erstes das Pratimoksha-, dem später das Bodhisattva-Gelübde folgt. Entschließen sich der Schüler oder die Schülerin zum engen Arbeiten mit einem Vajrayana-Meister, nehmen sie schließlich das Samaya-Gelübde.

Hier habe ich mich dazu entschieden, die Gelübde allgemeiner zu beschreiben und sie in Form von »Drei Versprechen« zu präsentieren, die Angehörige aller Religionen eingehen können wie auch Leser, die sich zu keiner Religion bekennen. Wir bekommen so eine Methode für den Umgang mit der unbeständigen, sich ewig wandelnden Natur unserer Lebenserfahrungen und eine Möglichkeit, unsere Alltagserfahrungen zu nutzen, um aufzuwachen, munter zu werden, die Stimmung aufzuhellen, uns anderer Wesen bewusster zu werden und liebevoller mit ihnen umzugehen.

Möge diese zugegeben unkonventionelle Herangehensweise an eine traditionsgebundene Thematik für alle hilfreich und ermutigend sein. Und möge es bei manchen vielleicht die Neugier auf die traditionelle Methode wecken und sie diese Gelübde als Bestandteil der buddhistischen Reise zur Erleuchtung nehmen lassen.

Pema Chödrön

Der Überblick

Das Leben ist eine Form von nicht sicher sein, nicht wissen, wie oder was als Nächstes geschehen wird. Im Moment, in dem du weißt, wie, fängst du an, ein bisschen zu sterben. Künstler wissen nie zur Gänze. Vielleicht befinden wir uns im Irrtum, aber wir machen einen Sprung nach dem anderen im Dunkeln.

AGNES DE MILLE

1 ~ Die grundlegende Ungewissheit und Vieldeutigkeit menschlicher Existenz

Das Leben gleicht einem Boot,
das gerade ausläuft und schon sinkt.

SHUNRYU SUZUKI ROSHI

Uns allen ist die Neigung gemeinsam, schleunigst in Richtung Sicherheit zu drängen, sobald wir merken, dass um uns herum alles im Fluss ist. Und in schwierigen Zeiten scheint sich der Stress des Bemühens um festen Boden unter den Füßen – um etwas Vorhersehbares und Sicheres, das uns Halt gibt – noch zu erhöhen. Doch die Wahrheit ist, dass unsere Existenz sich von Natur aus im ewigen Fluss befindet. Alles ändert sich fortwährend, ob wir uns dessen nun bewusst sind oder nicht.

Was für eine missliche Lage! Wir scheinen zum Leiden verdammt zu sein, einfach deshalb, weil wir eine tiefsitzende Angst vor der wirklichen Existenzweise der Dinge haben. Unsere Versuche, dauerhaftes Vergnügen und permanente Sicherheit zu finden, stehen im Widerspruch zur Tatsache, dass wir Teil eines dynamischen Systems sind, in dem sich alles und jedes im ständigen Veränderungsprozess befindet.

Das also ist die Situation, in der wir stecken – mitten in einem Dilemma. Und damit sehen wir uns vor ein paar provokative Fragen gestellt: Wie können wir angesichts dieser Vergänglichkeit, im Wissen, dass wir eines Tages sterben werden, rückhaltlos und voll und ganz leben? Was heißt es, sich darüber im Klaren zu sein, dass wir nie alles irgendwann perfekt auf die Reihe kriegen werden? Können wir gegenüber Instabilität und Veränderung eine tolerantere Haltung einnehmen? Wie können wir uns mit der Unvorhersehbarkeit und Ungewissheit anfreunden – und sie als »Vehikel« zur Transformation unseres Lebens willkommen heißen?

Der Buddha bezeichnete die Vergänglichkeit als eines der drei Zeichen unserer Existenz, als Merkmal der Wirklichkeit und unbestreitbare Tatsache des Lebens. Aber wir scheinen uns ziemlich stark dagegen zu wehren. Wir meinen, dass wir irgendwie zu einem sicheren, verlässlichen, kontrollierbaren Dasein gelangten, wenn wir nur dies oder jenes täten. Und wie enttäuscht sind wir dann, wenn die Dinge sich nicht ganz so entwickeln, wie wir es geplant hatten!

Vor Kurzem fand ich in einem Interview mit dem Kriegskorrespondenten Chris Hedges eine Redewendung, die mir eine perfekte Beschreibung unserer Situation zu sein schien. Er sprach von der »moralischen Ambiguität menschlicher Existenz«. Dies bezieht sich meiner Ansicht nach auf eine grundlegende Wahl, vor die wir uns alle gestellt sehen: Sollen wir uns an die falsche Sicherheit unserer fixen Ideen und gruppenbedingten Anschauungen klammern, obwohl sie uns nur momentane Befriedigung einbringen, oder sollen wir unsere Angst überwinden und ins Leben eines authentischen Daseins springen? Dieses Wort von der »moralischen Ambiguität menschlicher Existenz« fand in mir tiefen Widerhall, weil es ein Thema berührt, das ich seit Jahren erforsche: Wie können wir uns entspannen und eine echte, leidenschaftliche Beziehung zur grundlegenden Ungewissheit, zur Bodenlosigkeit menschlichen Daseins haben?

Mein erster Lehrer, Chögyam Trungpa, sprach viel über die mit der menschlichen Existenz verbundene fundamentale Angst und Sorge. Eine von Furcht erfüllte Besorgnis oder ein Unbehagen angesichts der Vergänglichkeit, die nicht nur einige Einzelne befällt; es ist ein alles durchdringender, den Menschen gemeinsamer Zustand. Aber was wäre, wenn wir uns von dieser Ungewissheit, dieser Unsicherheit des Lebens, nicht entmutigen ließen, sondern sie stattdessen akzeptierten und uns in sie hinein entspannten? Was, wenn wir sagten: »Ja, so ist es; das bedeutet es, ein Mensch zu sein«, und uns entschlössen, uns hinzusetzen und die Fahrt zu genießen?

Glücklicherweise gab der Buddha viele Anleitungen, wie man genau das tut. Darunter die Unterweisungen zu dem, was in der tibetisch buddhistischen Tradition als die »Drei Gelübde« oder »Drei Verpflichtungen« bekannt ist. Hierbei handelt es sich um drei Methoden, die chaotische, instabile, dynamische, herausfordernde Natur unserer Situation als Weg zum Erwachen anzunehmen und sich anzueignen. Das Pratimoksha-Gelübde, wie es traditionellerweise genannt wird, ist das erste dieser Versprechen und die Grundlage der individuellen Befreiung. Es bedeutet, dass wir geloben, unser Bestes zu tun, um mit unseren Handlungen, Worten oder

Gedanken keinen Schaden anzurichten und gut zueinander zu sein. Es gibt eine Struktur vor, innerhalb deren wir lernen, mit unseren Gedanken und Emotionen zu arbeiten und darauf zu verzichten, dass wir aus der Verwirrung heraus handeln oder sprechen. Der nächste Schritt dahin, dass wir uns mit der Bodenlosigkeit wohlfühlen, ist das Versprechen, anderen zu helfen. Traditionell »Bodhisattva-Gelübde« genannt, versprechen wir hier, unser Herz sowie unseren Geist offenzuhalten und unser Mitgefühl zu nähren, indem wir das Leiden der Welt zu lindern bestrebt sind. Das Samaya-Gelübde ist das letzte der Drei Versprechen. Es bedeutet den Entschluss, die Welt unvoreingenommen so anzunehmen, wie sie ist. Es ist das Versprechen, alles, was uns begegnet – Schlechtes und Gutes, Angenehmes und Schmerzliches –, als Manifestation erwachter Energie anzusehen. Alles und jedes als Mittel zu betrachten, durch das wir noch weiter erwachen können.

Aber was bedeutet diese mit der menschlichen Existenz verbundene grundlegende Ungewissheit und Vieldeutigkeit für unser Alltagsleben? Vor allem die Einsicht, dass sich alles verändert? Shantideva, ein buddhistischer Meister des achten Jahrhunderts, schrieb in dem Sanskrit-Werk *Bodhicaryāvatāra*:

Ähnlich den Erlebnissen in einem Traum:
Welche Erscheinungen und Erfahrungen auch immer –
sie verwandeln sich in eine Erinnerung,
und alles Vergangene kann nicht wieder gesehen werden.

Ob wir uns dessen bewusst sind oder nicht, der Boden unter unseren Füßen verändert sich fortwährend. Nichts ist von Dauer, und auch wir sind es nicht. Vermutlich sind nur sehr wenige Menschen immer und überall von der Vorstellung an ihren Tod erfüllt, jedoch gibt es eine Menge Hinweise darauf, dass uns der Gedanke »Ich werde sterben« immer wieder heimsucht. »Dass ich wie ein Durchreisender bin, habe ich nicht erkannt«, schreibt Shantideva.

Wie also fühlt man sich in diesem Zustand der Ungewissheit und der Bodenlosigkeit? Zum einen greifen wir nach allerlei Vergnügungen und versuchen, den Schmerz zu vermeiden, pendeln aber trotz all unserer Bemühungen immer zwischen beidem hin und her. Im Bann der Illusion, dass konstante Sicherheit und stetes Wohlbefinden der Idealzustand sind, unternehmen wir alles Mögliche bei unseren Versuchen, diesen Zustand zu erreichen: essen, trinken, Drogen, zu viel arbeiten, Stunden im Internet oder vor dem Fernseher. Aber irgendwie gelangen wir nie an das erstrebte Ziel. Manchmal fühlen wir uns gut: Uns tut nichts weh, und es plagen uns keine trüben Gedanken. Dann ändert sich das plötzlich, und uns überfallen körperlicher Schmerz oder Angst und Besorgnis. Man könnte grafisch darstellen, wie Lust und Schmerz sich in unserem Leben Stunde um Stunde, Tag um Tag, jahrein, jahraus abwechseln, mal herrscht das eine, dann das andere vor.

Aber nicht die Vergänglichkeit an sich und auch noch nicht einmal das Wissen, dass wir sterben werden, sind die Ursache unseres Leidens, lehrte der Buddha. Vielmehr ist es unser Widerstand gegen die grundlegende Unsicherheit unserer Situation. Das Unbehagen resultiert aus all unseren Bemühungen, Boden unter die Füße zu kriegen und unseren Traum zu verwirklichen, dass permanent alles in Ordnung sein müsste. Widersetzen wir uns der Veränderung, nennt man das Leiden. Aber wenn wir vollständig loslassen können und nicht gegen sie ankämpfen, wenn wir die Bodenlosigkeit unserer Situation annehmen und uns in ihre Dynamik hinein entspannen können, dann nennt man das Erleuchtung oder Erwachen zu unserer wahren Natur, zu unserem grundlegendem Gutsein. Ein anderes Wort dafür ist »Freiheit« – das Freisein vom Kämpfen gegen die grundlegende Ambiguität unserer menschlichen Existenz.

Diese mit der menschlichen Existenz verbundene grundlegende Ungewissheit und Vieldeutigkeit verweist darauf, dass wir, so gern wir es auch wollten, nie behaupten können: »Das ist der einzig wahre Weg. So ist es. Ende der Diskussion.« Chris Hedges sprach in seinem Interview auch vom Schmerz als Reaktion auf das Beharren einer Gruppe oder Religionsgemeinschaft darauf, dass ihre Anschauung die einzig wahre wäre. Auch der Einzelne zeigt eine Menge fundamentalistischer Tendenzen. Wir nutzen sie für den eigenen Trost. Wir grapschen nach einer Position oder Religion zur eingängigen Erklärung der Realität und sind nicht bereit, Ungewissheit und Unbequemlichkeit zu dulden und für andere Möglichkeiten offen zu sein. Wir klammern uns an einen Standpunkt als unsere persönliche Plattform und werden dabei sehr dogmatisch.

Diese Tendenz zum Fundamentalismus und Dogmatismus wurzelt in einer fixen Identität – einer festgefügten Meinung über uns selbst als gut oder schlecht, würdig oder unwürdig, dies oder das. Die starre Identität hat zur Folge, dass wir die Realität umgestalten zu müssen glauben, da sie sich nicht immer mit unserer Anschauung deckt.

Als ich zum ersten Mal nach Gampo Abbey kam, hielt ich mich für eine liebenswerte, flexible, offenherzige und aufgeschlossene Zeitgenossin. Das stimmte zum Teil, zum Teil aber auch nicht. Zum einen war ich als Direktorin schrecklich. Die anderen fühlten sich durch mich entmachtet. Sie haben mich wiederholt auf meine Mängel hingewiesen, aber ich hörte nicht, was sie sagten, weil meine Identität so stark festgelegt war. Wann immer neue Leute kamen, um in der Abbey zu leben, erhielt ich das gleiche negative Feedback, aber ich wollte es immer noch nicht hören. Das ging ein paar Jahre so weiter. Und dann, eines Tages, als hätten sich alle zusammengerottet und eine Intervention inszeniert, hörte ich schließlich, was mir alle über mein Verhalten und seine Auswirkungen auf meine Mitmenschen hatten sagen wollen. Die Botschaft war endlich bis zu mir durchgedrungen.

Das ist gemeint, wenn es heißt, dass man sich der Realität verschließt: Was nicht in deine festgelegte Identität passt, das hörst du nicht. Selbst Positives – anerkennende Äußerungen wie »Du bist sehr freundlich«, »Das hast du großartig gemacht« oder »Du hast einen so wunderbaren Sinn für Humor« – durchläuft den Filter der festgelegten Identität. Du wirst es nicht aufnehmen und annehmen, wenn es nicht schon Bestandteil deiner Selbstdefinition ist.

Im Buddhismus nennen wir diese Vorstellung von einer festgelegten Identität »Ego-Anhaftung«. Sie ist unser Versuch, in einer sich ständig wandelnden Welt festen Boden unter die Füße zu bekommen. Die Meditationspraxis beginnt diese festgefügte Identität auszuhöhlen. Beim Sitzen sehen wir uns nach und nach mit größerer Klarheit und merken, wie stark wir unseren Meinungen und Ansichten über uns selbst verhaftet sind. Der erste Schlag gegen diese festgelegte Identität wird oftmals durch eine Krise ausgelöst. Wenn das Gefüge in deinem Leben auseinanderzufallen beginnt, so wie es bei mir der Fall war, als ich nach Gampo Abbey kam, dann hast du das Gefühl, dass die ganze Welt in sich zusammenbricht. Aber es ist nur deine festgelegte Identität, die hier zerbröckelt. Doch das ist ein Grund zum Feiern, wie uns Chögyam Trungpa zu sagen pflegte.

Ziel und Zweck des spirituellen Pfades ist, dass wir unsere Masken abnehmen, unsere Rüstung ablegen. Was dann geschieht, empfindet man als Krise, weil es eine Krise *ist* – eine Krise der festgelegten Identität. Der Buddha lehrte, dass die festgelegte Identität die Ursache unseres Leidens ist. Blicken wir tiefer, könnten wir sagen, dass die wirkliche Ursache unseres Leidens unsere Unfähigkeit ist, die Unsicherheit auszuhalten – ebenso wie der Gedanke, dass es absolut vernünftig und völlig normal ist, sich der fundamentalen Bodenlosigkeit unserer menschlichen Existenz zu verweigern.

Die Ego-Anhaftung ist unsere Verweigerungsmethode. Haben wir erst einmal die fixe Vorstellung »Das bin ich«, sehen wir alles als Bedrohung oder als Versprechen an – oder als etwas, worum wir uns nicht kümmern müssen. Abhängig davon, wie stark die Bedrohung für unser Selbstbild ist, fühlen wir uns von allem entweder angezogen oder abgestoßen – oder stehen ihm indifferent gegenüber. Die festgelegte Identität ist unsere falsche Sicherheit. Wir bewahren sie, indem wir alle unsere Erfahrungen durch den Filter dieser Sichtweise schicken. Wenn wir jemanden mögen, dann im Allgemeinen deshalb, weil er uns ein gutes Selbstgefühl gibt. Sie vermasseln uns nicht unseren Trip, kratzen nicht an unserer festgelegten Identität, also sind wir Kumpel. Wenn wir eine Person nicht mögen – sie nicht auf unserer Wellenlänge liegt und wir nicht mit ihr zusammen sein mögen –, dann im Allgemeinen deshalb, weil sie unsere festgelegte Identität infrage stellt. Uns wird es in ihrer Gegenwart unbehaglich, weil sie uns nicht so bestätigt, wie wir es gern hätten, und wir uns nicht so verhalten können, wie wir uns verhalten wollen. Oft betrachten wir die Leute, die wir nicht mögen, als unsere Feinde, tatsächlich aber sind sie für uns überaus wichtig. Sie sind unsere größten Lehrer: Besondere Boten, die genau dann auftauchen, wenn wir sie brauchen, um uns auf unsere festgelegte Identität hinzuweisen.

Das mit der Bodenlosigkeit und der grundlegenden Ambiguität unserer menschlichen Existenz verbundene Unbehagen entspringt unserem Haften am Wunsch, dass die Existenz der Dinge einer bestimmten Art und Weise entsprechen soll. Das tibetische Wort für »Anhaftung« ist *shenpa*. Mein Lehrer Dzigar Kongtrül bezeichnet *shenpa* als das Barometer der Ego-Anhaftung, als Messgröße dafür, wie sehr wir mit uns selbst beschäftigt sind und wie wichtig wir uns nehmen. Wenn wir nach etwas greifen oder umgekehrt von uns wegstoßen, dann meint *shenpa* die damit verbundene emotionale Komponente. Es ist das Gefühl »Ich mag, ich will, ich brauche« und »Ich mag nicht, ich will nicht, ich brauche nicht, ich möchte, dass es verschwindet«. Für mich verbindet *shenpa* sich mit der Vorstellung, festgehakt zu sein. Es ist dieses Gefühl festzustecken, dieses innerliche Engerwerden, Sichverschließen oder -zurückziehen, das wir erleben, wenn wir uns mit dem Geschehen nicht wohlfühlen. *Shenpa* meint auch den Drang, sich von diesen Gefühlen zu befreien, indem wir uns an etwas klammern, was uns Vergnügen bereitet.

Alles Mögliche kann unser Klammern und Anhaften auslösen: Jemand kritisiert unsere Arbeit oder schaut uns schief an, der Hund kaut an unseren Lieblingsschuhen, oder wir bekleckern unsere beste Krawatte. Wir fühlen uns gerade rundum wohl, dann passiert irgendetwas, und plötzlich steigern wir uns in Wut oder Eifersucht hinein, verstricken uns in ein Geflecht der Beschuldigung und Gegenbeschuldigung oder bleiben im Selbstzweifel stecken. Dieses Unbehagen, dieses Gefühl, dass »auf unsere Knöpfe gedrückt wird«, weil die Dinge nicht »richtig« sind, weil wir wollen, dass sie länger dauern oder verschwinden, ist die gefühlte Erfahrung, das emotionale Erleben der grundlegenden Ambiguität unserer menschlichen Existenz.

Unser Anhaften, unser *shenpa* – unsere routinemäßige Reaktion auf das Gefühl von Unsicherheit –, kommt meist unwillkürlich auf. Wenn wir festgehakt sind, tun wir alles, um uns von diesem Unbehagen zu befreien – wir wenden uns kompensatorisch dem Essen, Alkohol, Sex oder Konsum zu, kritteln herum oder sind unfreundlich. Wir können jedoch etwas Besseres tun, wenn uns diese Nervosität und Angespanntheit überkommen. Und ähnlich können wir auch beim Schmerz verfahren. Die Achtsamkeitsmeditation ist eine beliebte Methode im Umgang mit körperlichem Schmerz. Zu ihr gehört es, dass wir unsere volle Aufmerksamkeit auf den Schmerz richten und in die Stelle hineinatmen, die wehtut, und dort wieder ausatmen. Statt den Versuch zu unternehmen, dem Unbehagen auszuweichen, öffnen wir uns ihm voll und ganz. Wir werden für die Empfindung von Schmerz empfänglich, ohne bei der Geschichte zu verweilen, die sich unser Geist dabei zusammenspinnt: »Das ist schlecht«, »So sollte ich mich nicht fühlen«, »Vielleicht geht es nie wieder weg« …

Wenn Sie das *Shenpa*-Gefühl aufziehen spüren, dass Sie aufgebracht und aufgeregt werden, ist die Grundanleitung dieselbe wie beim Umgang mit körperlichem Schmerz. Gleich, ob es sich um Vorlieben oder Abneigungen handelt oder um einen emotionalen Zustand wie Einsamkeit, Depression oder Besorgnis, öffnen Sie sich für die Empfindung voll und ganz und möglichst frei von jeglicher Interpretation. Wenn Sie diese Herangehensweise schon bei körperlichem Schmerz ausprobiert haben, dann wissen Sie, dass das Ergebnis wunderbar sein kann. Indem Sie Ihre ganze Aufmerksamkeit auf Ihr Knie, Ihren Rücken oder Ihren Kopf richten, auf Wertungen verzichten und den Schmerz direkt erfahren, und sei es auch nur kurz, dann werden sich Ihre Vorstellungen vom Schmerz und oftmals auch der Schmerz selbst auflösen.

Shantideva sagte, dass das erfahrene Erleiden körperlichen Schmerzes gänzlich konzeptueller Natur ist. Es entsteht nicht aus der Empfindung selbst, sondern daraus, wie wir sie betrachten. Er führte das Beispiel der Karna an, einer Sekte im alten Indien, deren Mitglieder sich als Bestandteil ihrer rituellen Praxis Brand- und Schnittwunden zufügten. Sie assoziierten den extremen Schmerz mit spiritueller Ekstase, der so für sie eine positive Bedeutung bekam. Viele Sportler erleben etwas Ähnliches, wenn sich das brennende Gefühl in ihren Muskeln bemerkbar macht. Grundsätzlich ist die Körperempfindung weder gut noch schlecht, erst unsere Interpretation macht sie dazu.

Das erinnert mich an eine Begebenheit, die sich zutrug, als mein waghalsiger Sohn an die zwölf Jahre alt war. Wir standen auf einer winzigen Plattform am Bug eines großen Schiffes – so ähnlich wie Leonardo DiCaprio und Kate Winslet im Film »Titanic« –, und ich fing an, ihm mein Gefühl von Höhenangst zu beschreiben. Ich sagte, dass ich nicht sicher sei, dort stehen bleiben zu können, dass ich alle möglichen Körperempfindungen hatte und meine Beine wacklig wurden. Ich werde nie seinen Gesichtsausdruck vergessen, als er erwiderte: »Mama, genau das fühle *ich* auch!« Der Unterschied war nur, dass er dieses Gefühl *genoss*. Alle meine Nichten und Neffen sind Bungeespringer und Hobbyhöhlenforscher, und sie genießen Abenteuer, die ich unter allen Umständen meide, weil ich eine Abneigung gegen das Gefühl habe, das für sie einen positiven Nervenkitzel bedeutet.

Aber es gibt eine Herangehensweise an die grundlegende Ambiguität unserer menschlichen Existenz, die uns gestattet, mit Gefühlen wie Angst oder Abneigung zu arbeiten, statt sich von ihnen zurückzuziehen. Wenn wir mit der Empfindung an sich in Kontakt kommen und uns für sie öffnen können, ohne sie als gut oder schlecht zu bewerten, können wir sogar auch dann, wenn es uns zum Rückzug drängt, dennoch präsent bleiben und in das Gefühl oder die Empfindung vordringen.

Die Hirnforscherin Jill Bolte Taylor erläutert in ihrem Buch *Mit einem Schlag*, in dem sie ihre Genesung von einem massiven Schlaganfall schildert, die sich bei einer Emotion abspielenden physiologischen Mechanismen: Eine Emotion wie zum Beispiel die Wut ist eine automatische Reaktion, die vom Moment ihrer Auslösung bis zum Ende ihres natürlichen Ablaufs nur neunzig Sekunden lang andauert. Nur eineinhalb Minuten, das ist alles. Wenn sie länger anhält, was gewöhnlich der Fall ist, dann geschieht das deswegen, weil wir uns dazu entschieden haben, sie wieder zu entfachen.

Wir könnten uns die Tatsache zunutze machen, dass unsere Emotionen veränderlicher, wandelbarer Natur sind. Aber tun wir das? Nein. Stattdessen befeuern wir eine Emotion, sobald sie aufkommt, mit unseren Gedanken, und was an sich nur eineinhalb Minuten dauern sollte, wird möglicherweise auf zehn oder zwanzig Jahre ausgedehnt. Wir recyceln die Story einfach immer wieder. Wir bestärken immer wieder unsere alten Gewohnheiten.

Wohl jeder kennt körperliche oder mentale Zustände, die uns in der Vergangenheit Kummer und Schmerz bereitet haben. Und wenn wir merken, dass ein solcher Zustand im Anmarsch ist – ein bevorstehender Asthmaanfall, ein Symptom chronischer Erschöpfung, ein plötzlich einsetzendes Angstgefühl –, geraten wir in Panik. Statt dass wir uns in das Gefühl hinein entspannen und es seine eineinhalb Minuten durchziehen lassen, während wir ganz und gar offen und empfänglich dafür sind, sagen oder denken wir etwas wie: »O nein, o nein, da ist es ja schon wieder!« Wir weigern uns, die grundlegende Ambiguität zu fühlen, wenn sie in dieser Form eintritt, und tun stattdessen das, was für uns am nachteiligsten ist: Wir bringen unsere Gedanken darüber auf Hochtouren: »Was, wenn dies passiert? Was, wenn das passiert?« Wir wirbeln eine Menge mentale Aktivität auf. Körper, Sprache und Geist sind damit befasst, vor dem Gefühl davonzurennen, was es aber umso mehr am Laufen hält.

Wir treten dieser Reaktion entgegen, indem wir das Präsentsein trainieren. Eine Frau, die mit Jill B. Taylors beobachteter Dauer einer Emotion vertraut war, schilderte mir in einem Brief, was sie tut, wenn das Gefühl von Beunruhigung in ihr aufkommt. »Ich mach einfach das Eineinhalb-Minuten-Ding«, schrieb sie.

Das ist eine gute Praxisanweisung: Wenn Sie mit der Bodenlosigkeit in Kontakt kommen, besteht eine Methode im Umgang mit diesem nervösen, mulmigen Gefühl darin, dass Sie das »Eineinhalb-Minuten-Ding machen«:

> Erkennen Sie das Gefühl an, richten Sie Ihre ganze mitfühlende, ja sogar willkommen heißende Aufmerksamkeit darauf, und sei es auch nur ein paar Sekunden lang, lassen Sie die mit dem Gefühl verbundene Story fallen. Das erlaubt Ihnen, das Gefühl direkt und unmittelbar zu erfahren, frei von jeglicher Interpretation. Nähren Sie es nicht mit Konzepten oder Meinungen darüber, ob es gut oder schlecht ist. Bleiben Sie einfach bei der Empfindung. Wo in Ihrem Körper ist sie angesiedelt? Bleibt sie sehr lange immer gleich? Verlagert, verändert oder wandelt sie sich?

Ego oder *festgelegte Identität,* das bedeutet nicht nur einfach, dass wir eine fixe Vorstellung von uns selbst haben, sondern auch von allem, was wir wahrnehmen. Ich habe eine vorgefasste Meinung über dich, und du hast eine über mich. Und wenn erst einmal dieses Gefühl da ist, alles sei voneinander getrennt, kommen heftige Emotionen hoch. Im Buddhismus sind so starke Emotionen wie Wut, Begehren, Stolz und Eifersucht als *kleshas* bekannt – widersprüchliche Emotionen, die den Geist vernebeln und verschleiern. Die *kleshas* sind unser Vehikel für die Flucht vor der Bodenlosigkeit, und deshalb werden mit jedem Mal, das wir ihnen nachgeben, unsere bereits bestehenden Gewohnheiten verstärkt. Dieses ewig erneute Im-Kreis-Drehen, diese endlose Wiederanwendung derselben Muster, nennt man im Buddhismus »Samsara«. Und Samsara ist mit Schmerz gleichzusetzen.

Wir beharren auf unserm Versuch, der grundlegenden Ambiguität der menschlichen Existenz zu entkommen, und können es doch nicht. Wir können ihr ebenso wenig entfliehen, wie wir der Veränderung und auch dem Tod entkommen können. Der Grund für unser Leiden ist unsere Reaktion auf die Realität des »Nicht-entkommen-Könnens«: Ego-Anhaftung und all die daraus entstehenden Schwierigkeiten, all die Umstände, die es uns schwer machen, uns in unserer eigenen Haut wohlzufühlen und miteinander auszukommen.

Wenn die Methode im Umgang mit diesen Gefühlen darin besteht, bei ihnen zu bleiben, ohne sie mit der damit assoziierten Story anzuheizen, wirft das die Frage auf: Wie kommen wir denn überhaupt mit der grundlegenden Ambiguität unserer menschlichen Existenz in

Kontakt? Das ist tatsächlich nicht besonders schwierig, weil Unruhe und Unbehagen in unserem Dasein gewöhnlich schon unterschwellig vorhanden sind. Sie lassen sich ziemlich leicht erkennen, aber nicht so leicht unterbrechen. Diese Unruhe und dieses Unbehagen können wir als leichte Angespanntheit und Nervosität bis hin zum Entsetzen und einer schrecklichen Angst erleben. Angst und Sorge erwecken in uns das Gefühl von Verletzlichkeit. Verletzlichkeit kommt in vielen Gewändern daher. Wir haben vielleicht das Gefühl, nicht im Gleichgewicht zu sein, so als wüssten wir nicht, was vor sich geht, und hätten keine Handhabe in dem ganzen Geschehen. Vielleicht fühlen wir uns einsam oder sind deprimiert oder zornig. In der Regel wollen wir Emotionen vermeiden, die uns das Gefühl der Verletzlichkeit geben, und so tun wir alles, um ihnen aus dem Weg zu gehen.

Aber statt diese Gefühle als etwas Schlechtes zu betrachten, könnten wir sie als Wegweiser oder Barometer auffassen, die uns signalisieren, dass wir es mit der Bodenlosigkeit zu tun haben, und dann würden wir die Gefühle als das ansehen, was sie in Wirklichkeit sind: ein Tor zur Befreiung, eine offene Tür zur Befreiung vom Leiden, der Pfad zu unserem höchsten Wohlsein und unserer tiefsten Freude. Wir haben die Wahl. Wir können unser ganzes Leben leidend verbringen, weil wir uns angesichts des wahren Seins der Dinge nicht entspannen können; oder wir entspannen uns und akzeptieren bereitwillig die Tatsache, dass unser Dasein eine Situation mit offenem Ausgang ist und somit frisch, nicht festgelegt und unparteiisch.

Die Herausforderung besteht also darin, dass wir das

Zupfen und Zerren von *shenpa,* wenn es aufkommt, zur Kenntnis nehmen und ohne die damit assoziierte Story eineinhalb Minuten lang bei ihm bleiben. Können Sie das, wenn dieses Gefühl erwacht, einmal oder viele Male am Tag tun? Das ist die Herausforderung. Das ist der Prozess des Entlarvens, des Loslassens, des Öffnens von Herz und Geist.

2 ~ Leben ohne die Story

Die Professorin meiner Enkelin hat ihre Studenten aufgefordert, die Handys draußen zu lassen, wenn sie ihre Vorlesungen und Seminare besuchten. Meine Enkelin war überrascht, um wie viel präsenter und wacher sie infolgedessen war. Ihr fiel auf, dass ihre ganze Generation allenthalben ein tiefgreifendes Intensivtraining im Abgelenktsein erhielt. Für mich unterstreicht das, wie wichtig für ihre sowie die nachfolgenden und auch vorhergehenden Generationen es ist, diesem Trend entgegenzutreten und ein Intensivtraining im Präsentbleiben zu bekommen.

Wenn Sie das üben, präsent zu bleiben, werden Sie unter anderem schnell herausfinden, wie hartnäckig und beharrlich die Story ist. In den buddhistischen Texten werden unsere Tendenzen und Neigungen samt ihren gewohnheitsmäßig assoziierten Storys traditionellerweise als im Unbewussten lagernde Samenkörner beschrieben. Wenn die richtigen Umstände und Bedingungen zusammenkommen, sprießen diese schon vorhandenen Neigungen wie Blumen im Frühling hervor. Es ist hilfreich, wenn wir uns vor Augen halten, dass die wirkliche Ursache unseres Leidens diese Neigungen sind und nicht das, was sie ausgelöst hat.

Ich hatte einen Traum, in dem mein Exmann vorkam: Ich war gerade dabei, mich auf einen ruhigen Abend zu Hause einzurichten, als er mit sechs unbekannten Gästen ankam, dann wieder verschwand und es mir überließ, sich um sie zu kümmern. Ich war extrem wütend. Als ich aufwachte, dachte ich reumütig: »Von wegen ›Ich bin fertig mit der Wut‹; ich denke mal, die Neigung ist immer noch da.« Dann dachte ich an einen Vorfall, der sich am Vortag ereignet hatte, und die Wut kam wieder in mir hoch. Das ließ mich geradezu erstarren, und mir wurde klar, dass es – egal, ob im Wachzustand oder Schlaf – ums Gleiche ging. Nicht der Inhalt unseres Films bedarf unserer Aufmerksamkeit, sondern der Projektor. Nicht die gegenwärtige Story ist die Wurzel unseres Schmerzes; in erster Linie ist es unsere Neigung, sich unbehaglich zu fühlen, durch irgendetwas gestört zu sein.

Die Neigung zum Selbstmitleid, zur Eifersucht, zu Wutausbrüchen: Unsere routinemäßigen, nur allzu vertrauten emotionalen Reaktionen sind wie Samenkörner, die wir immer wieder wässern, hegen und pflegen. Aber jedes Mal, wenn wir innehalten, präsent sind und bei der ihnen zugrunde liegenden Energie bleiben, hören wir auf, diese Neigungen zu bestärken, und beginnen uns für erfrischend neue Möglichkeiten zu öffnen.

Wenn Sie auf eine alte Gewohnheit anders als üblich reagieren, werden Sie vielleicht allmählich Veränderungen wahrnehmen. Früher haben Sie möglicherweise drei Tage gebraucht, um von Ihrer Wut wieder runterzukommen. Wenn Sie aber Ihre Wut- und Zorngedanken immer wieder unterbrechen, kommen Sie bald dahin, dies binnen eines Tages zu schaffen. Und irgendwann brauchen

Sie vielleicht nur noch Stunden oder sogar bloß besagte eineinhalb Minuten. Die Befreiung vom Leiden beginnt.

Wichtig ist, sich darüber im Klaren zu sein, dass die Unterbrechung von Gedanken nicht dasselbe ist wie ihre Unterdrückung. Sie zu unterdrücken bedeutet, dass wir uns dem Geschehen verweigern, was die Gedanken nur in den Untergrund schickt, wo sie vor sich hin gären und schwären können. Wir wollen den Gedanken aber auch nicht nachjagen und uns an ihnen festhaken. Das Unterbrechen der Gedanken findet irgendwo zwischen dem Anhaften an und dem Wegschieben von Gedanken statt. Die Methode ist, sie kommen und gehen, aufsteigen und vorüberziehen zu lassen, kurz, nicht so ein Gewese um sie zu machen.

Die Übungspraxis besteht darin, den Gedanken nicht zu folgen, sie aber auch nicht ganz und gar loswerden zu wollen. Das wäre auch gar nicht möglich. Sie haben vielleicht gedankenfreie Momente und mit der Vertiefung Ihrer Meditationspraxis längere gedankenfreie Phasen, aber die Gedanken kehren immer zurück. Das liegt in der Natur des Geistes. Sie müssen die Gedanken aber nicht zum Bösewicht machen. Sie können sich einfach im Unterbrechen ihrer Schwungkraft schulen. Die Grundanweisung lautet, die Gedanken ziehen zu lassen – oder sie als »Denken« zu etikettieren – und bei der Unmittelbarkeit Ihrer Erfahrung zu bleiben.

Alles in Ihnen wird tun wollen, was Sie gewöhnlich tun, wird die Story verfolgen wollen. Die Story ist mit Gewissheit und Trost assoziiert. Sie stützt unser nur sehr begrenzt stabiles Selbstgefühl und hält das Versprechen von Sicherheit und Glück bereit. Aber es ist ein falsches Versprechen; jegliches Glück, das sie bringt, ist vorübergehender Natur. Je mehr Sie sich darin üben, nicht in die Fantasiewelt Ihrer Gedanken zu entfliehen und sich stattdessen mit dem Empfinden der Bodenlosigkeit anzunähern, desto mehr werden Sie sich daran gewöhnen, Emotionen einfach nur als Empfindungen wahrzunehmen – frei von Konzepten, frei von Storys, frei von festen Vorstellungen über Gut und Böse.

Dennoch wird die Tendenz, zur vermeintlichen Sicherheit zurückzukrabbeln, sich behaupten wollen und an Boden gewinnen. Der sehr real erfahrbare (aber sehr flüchtige) Trost, den diese bietet, lässt sich gar nicht unterschätzen. Die Meditationslehrerin Tara Brach beschreibt in ihrem Buch *Mit dem Herzen eines Buddha* eine Praxis, deren sie sich in solchen Fällen bedient. Sie gründet sich auf die Begegnung Buddhas mit seiner Nemesis Mara, einem Dämon, der immer wiederauftauchte, um Buddha zu versuchen und ihn dazu zu bringen, dass er seinen spirituellen Entschluss aufgäbe und wieder zu seiner alten unbewussten Lebensweise zurückkehrte. Psychologisch gesehen steht Mara für das falsche Versprechen von Glück und Sicherheit, die uns unsere routinemäßigen Reaktionen anbieten. Wann immer also Mara erschien, oft mit schönen Frauen oder anderen Versuchungen im Schlepptau, sagte der Buddha: »Ich sehe dich, Mara. Ich weiß, du bist ein Betrüger. Ich weiß, was du zu tun versuchst.« Und dann lud er Mara zum Tee ein. Wenn wir versucht sind, zu unserer Gewohnheit zurückzukehren, nämlich der Bodenlosigkeit aus dem Weg zu gehen, können wir der Versuchung ins Auge blicken und sagen: »Ich sehe dich, Mara«, um uns dann ohne irgendein Urteil über Richtig und Falsch zum Tee niederzulassen – mit der Ambiguität, die grundlegend mit der menschlichen Existenz verbunden ist.

In einem Buch, das ich kürzlich gelesen habe, sprach der Autor von den Menschen als Übergangswesen – Wesen, die weder ganz gefangen noch ganz frei sind, sich aber in einem Prozess des Erwachens befinden. Ich finde es hilfreich, so über mich zu denken. Ich befinde mich in einem Prozess des Werdens, im Entwicklungsprozess. Weder bin ich verdammt noch ganz frei, aber ich erschaffe mit jedem Wort, jeder Tat, jedem Gedanken meine Zukunft. Ich befinde mich in einer äußerst dynamischen Situation von unvorstellbarem Potenzial. Ich habe alle Unterstützung, die ich brauche, um mich einfach zu entspannen und bei dieser von Übergang und Prozesshaftigkeit geprägten Qualität meines Lebens zu sein. Ich brauche mich nur mit diesem Prozess des Erwachens zu beschäftigen.

Statt ein Leben des Widerstands zu führen in dem Versuch, unsere Grundsituation von Vergänglichkeit und Wandel zu widerlegen, können wir mit der grundlegenden Ambiguität in Kontakt treten und sie willkommen heißen. Wir halten uns selbst nicht gern für festgelegt und unwandelbar, sind aber emotional sehr darauf angelegt. Wir wollen einfach nicht dieses beängstigende, beunruhigende, unbehagliche Gefühl haben, keinen Boden unter den Füßen zu spüren. Wir müssen uns aber nicht verschließen, wenn wir in irgendeiner Form diese Bodenlosigkeit wahrnehmen. Stattdessen können wir uns ihr zuwenden und sagen: »So fühlt es sich an, frei von einem starren, festgelegten Geist sein. So fühlt sich das Freisein von einem verschlossenen Herzen an. So fühlt es sich an, unvoreingenommen, uneingeschränkt gut zu sein. Vielleicht werde ich neugierig und schaue, ob ich meinen Widerstand überwinden und die Erfahrung machen kann, gut zu sein.«

Der Buddhismus lehrt, dass die wahre Natur des Geistes so weit wie der Himmelsraum ist und dass Gedanken und Emotionen den Wolken gleichen, die ihn von unserem Blickpunkt aus verdecken. Uns wird beigebracht, dass wir neugierig auf die Wolken werden müssen, wenn wir die Grenzenlosigkeit des Himmels erfahren wollen: Wenn wir tief in die Wolken hineinblicken, zerfallen sie, und es tut sich die Weite des Himmels auf. Er hat sich nie irgendwo anders hinbegeben. Er war immer hier, er war durch die flüchtigen, sich wandelnden Wolken nur zeitweise unserem Blick verborgen.

Die Reise des Erwachens verlangt Disziplin und Mut. Unsere wolkengleichen Gedanken und Emotionen ziehen zu lassen wird keinesfalls schon sofort zur Gewohnheit. Die Gedanken und Emotionen mögen es uns schwer machen, mit der Offenheit unseres Geistes in Kontakt zu kommen, sind sie doch wie alte Freunde, die uns schon begleiten, solange wir denken können, und ihnen Lebewohl zu sagen widerstrebt uns sehr. Aber Sie können vor jedem Beginn Ihrer Meditation den Entschluss fassen zu schauen, ob Sie die Gedanken loslassen und direkt bei der Unmittelbarkeit Ihrer Erfahrung bleiben können. Vielleicht ist es Ihnen heute nur fünf Sekunden lang möglich, aber jeder Fortschritt in die Richtung, unabgelenkt zu sein, ist positiv.

Chögyam Trungpa hatte eine Metapher für unsere Tendenz zur Verschleierung der Offenheit unseres Seins. Er nannte es »Make-up auf den Raum auftragen«. Wir können danach streben, den Raum ohne Make-up zu erfahren. Bleiben wir auch nur kurze Zeit offen und empfänglich, unterbrechen wir damit schon unseren tiefsitzenden Widerstand dagegen, dass wir fühlen, was wir fühlen, und bleiben da präsent, wo wir sind.

An unsere Story zu glauben – uns mit den Interpretationen zu identifizieren, die wir unseren Erfahrungen überstülpen – ist tief in uns eingewurzelt. Wir bestehen auf unseren Meinungen, als seien sie unbestreitbar: »Es ist eine Charaktereigenschaft von Jane, so schrecklich zu sein. So viel steht fest, ich weiß das.« – »Ralph hat ein reizendes Wesen. Daran besteht kein Zweifel.« Wollen wir die Gewohnheit, sich an feste Vorstellungen und fixe Ideen zu klammern, schwächen und mit der Veränderlichkeit und Instabilität der Gedanken und Emotionen in Kontakt kommen, müssen wir unseren Fokus ändern und eine umfassendere Perspektive einnehmen. Statt uns im Drama zu verfangen, können wir zusehen, dass wir die dynamische Energie der Gedanken und Emotionen fühlen. Schauen Sie, ob Sie den Raum wahrnehmen können, der die Gedanken umgibt: Machen Sie die Erfahrung, wie sie im Raum aufsteigen, ein Weilchen verweilen und dann in den Raum zurückkehren. Wenn Sie die Gedanken und Emotionen nicht unterdrücken und auch nicht mit ihnen mitgehen, finden Sie sich an einem interessanten Ort. Der Ort des Nicht-Zurückweisens oder -Rechtfertigens befindet sich direkt mitten im Nirgendwo. Hier können Sie schließlich bereitwillig akzeptieren, was Sie fühlen. Hier können Sie hinausblicken und den Himmel sehen.

Beim Meditieren mögen vielleicht Erinnerungen an ein schmerzliches Geschehen aus der Vergangenheit in

Ihnen erwachen. Das alles einmal zu erkennen kann sehr befreiend sein. Aber wenn Sie die Erinnerung an etwas Schmerzliches immer wieder aufsuchen, das Geschehene stets aufs Neue durchkauen und sich schon fast zwanghaft mit der Geschichte beschäftigen, wird sie Bestandteil Ihrer statischen Identität. Sie bestärken dann einfach Ihre Neigung, sich selbst als Opfer zu erleben, als jemanden, dem man übel mitgespielt hat. Sie forcieren damit eine bereits bestehende Neigung, andere – Ihre Eltern und sonst jemanden – als die zu beschuldigen, die Ihnen unrecht getan haben. Das fortwährende Recyceln der alten Story ist die Methode, der grundlegenden Ambiguität aus dem Weg zu gehen. Die Emotionen werden stattdessen immer wieder aufgekocht, wenn wir sie mit Worten nähren und schüren. Das ist so, als würden wir Kerosin in die Glut schütten, um sie auflodern zu lassen. Ohne all das dauerten die Emotionen wie gesagt nicht länger als eineinhalb Minuten an.

Da unsere so verlässlich, so substanziell erscheinende Identität in Wirklichkeit etwas sehr Fließendes, sehr Dynamisches ist, existieren grenzenlose Möglichkeiten für das, was wir denken, was wir fühlen und wie wir die Realität erleben können. Wir verfügen über das, was wir brauchen, um uns aus dem Leiden einer festgelegten Identität zu befreien und uns mit der grundlegenden Unsicherheit und Rätselhaftigkeit unseres Seins zu verbinden, das keine festgelegte Identität kennt. Unser Selbstgefühl – das, was wir auf relativer Ebene zu sein glauben – ist eine sehr beschränkte Version unseres wirklichen und wahren Wesens. Aber die gute Nachricht ist, dass wir unsere direkte Erfahrung – wer wir genau in diesem Augenblick zu sein scheinen – als Tor zu unserer wahren Natur nutzen können. Indem wir diesen relativen Augenblick in der Zeit umfassend berühren – den Laut, den wir hören, den Geruch, den wir riechen, den Schmerz oder Trost, den wir im Moment fühlen –, indem wir für unsere Erfahrung voll und ganz präsent sind, kommen wir mit der grenzenlosen Offenheit unseres Seins in Kontakt.

Bei allen unseren habituellen Mustern handelt es sich um Bemühungen, eine vorhersagbare Identität aufrechtzuerhalten: »Ich bin ein zorniger Mensch«, »Ich bin ein freundlicher Mensch« oder »Ich bin ein nichtswürdiger Wurm«. Wir können mit solchen mentalen Gewohnheiten, wenn sie auftreten und wir sie erfahren, nicht nur während der Meditation arbeiten, sondern auch in unserm Alltagsleben. Das Unbehagen und die Unruhe können jederzeit auftreten, ob wir nun allein sind oder mit anderen zusammen – und unabhängig davon, was wir gerade tun. Wir denken vielleicht, diese eindringlichen Gefühle wären ein Hinweis auf Gefahr, tatsächlich aber sind sie ein Signal dafür, dass wir soeben mit der grundlegenden Veränderlichkeit des Lebens in Kontakt gekommen sind. Statt uns vor diesen Empfindungen zu verstecken, indem wir in der Luftblase unseres Egos verharren, können wir die Wahrheit von der wirklichen Existenz der Dinge zu uns durchdringen lassen. Solche Augenblicke sind großartige Gelegenheiten. Kommen derartige Gefühle der Unsicherheit in uns auf, können wir auch dann, wenn wir von Menschen umringt sind – etwa mitten in einer Konferenz –, einfach bewusst atmen und bei den Gefühlen sein. Wir brauchen nicht in Panik zu geraten oder uns in uns selbst zu verkriechen. Wir brauchen nicht nach unseren gewohnten Mustern zu reagieren. Kampf oder Flucht – dazu besteht keine Notwendigkeit. Wir können uns weiterhin anderen widmen und gleichzeitig wahrnehmen, was wir fühlen.

Die Instruktionen bestehen in ihrer einfachsten Form aus drei grundlegenden Schritten:

> Seien Sie völlig präsent. Fühlen Sie Ihr Herz. Und lassen Sie sich ohne feste Vorstellungen auf den nächsten Augenblick ein.

Ich arbeite mit dieser Methode an Ort und Stelle, direkt inmitten des Geschehens. Je mehr ich in der formellen Meditation präsent bleibe, desto vertrauter wird mir dieser Prozess, und umso leichter lässt er sich inmitten alltäglicher Situationen anwenden. Aber unabhängig davon, wo wir das Präsentbleiben üben, bringt es uns mit der Ungewissheit und Veränderlichkeit in Berührung, die sich mit dem Lebendigsein verbinden. Es gibt uns die Chance, uns darin zu trainieren, dass wir wach und gegenwärtig bleiben für das, wovor wir zuvor weggelaufen sind.

Die Drei Versprechen enthalten drei Ebenen des Arbeitens mit der Bodenlosigkeit. Alle basieren auf der Grundanweisung, mit sich selbst Freundschaft zu schließen – zu sich selbst aufrichtig und freundlich zu sein. Das beginnt mit der Bereitschaft, präsent zu bleiben, wann immer wir Unsicherheit erleben. Kommen diese Gefühle auf, lehnen wir uns in sie hinein und laufen nicht vor ihnen davon. Statt dass wir versuchen, die Gedanken und Gefühle loszuwerden, werden wir auf sie neugierig. Haben Sie sich erst einmal daran gewöhnt,

Empfindungen wahrzunehmen, ohne sie gleich zu interpretieren, dann werden Sie verstehen, dass der Kontakt mit der grundlegenden Ambiguität menschlicher Existenz eine kostbare Gelegenheit bietet – die Chance, beim Leben zu bleiben, so wie es ist, die Gelegenheit, die Erfahrung der Freiheit des Lebens ohne Story zu machen.

Das 1. Versprechen

Das Versprechen, keinen Schaden zuzufügen

Es ist wunderbar, dass die Menschen bereit sind, auch noch die kleinsten Eckchen ihrer Geheimniskrämerei und Privatsphäre aufzugeben, sodass ihr Festhalten an irgendetwas völlig verschwunden ist. Das ist sehr tapfer.

CHÖGYAM TRUNGPA RINPOCHE

3 ~ Das Fundament legen

In ihrer Gesamtheit unterstützen uns die Drei Versprechen darin, dass wir mit der grundlegenden dynamischen Beschaffenheit unseres Lebens entspannt umgehen können. Doch was bedeutet es, mit einer solchen Verpflichtung zu leben?

Eine Verpflichtung ist ein Versprechen, eine Zusage, etwas, was uns emotional und mental an jemanden oder etwas beziehungsweise an einen Handlungsweg bindet. Nach traditionell tibetisch buddhistischer Auffassung bedeutet, eine Verpflichtung einzugehen und nach ihr zu leben, mehr, als nur einfach zu handeln oder nicht zu handeln. Wenn wir uns verpflichten, setzen wir unsere Absicht klar und eindeutig fest und wissen, was wir zu tun oder nicht zu tun geloben. Das macht die Sache so kraftvoll. Chögyam Trungpa sagte, zum Beispiel das Gelübde, nicht zu töten, hat mehr Kraft, als einfach nur nicht zu töten. Wenn ein Löwe oder Tiger nicht tötet, mögen wir das als »tugendhaft« bezeichnen, aber wenn die entsprechenden Ursachen und Bedingungen zusammenkommen, werden beide fast mit Sicherheit töten, weil es ihrer Natur entspricht. Wenn wir jedoch ein Gelübde ablegen, eine Verpflichtung eingehen, ein Versprechen abgeben, dann ist uns nicht gestattet, auf einen Impuls hin reflexartig zu agieren. Wir denken zweimal nach, bevor wir uns äußern oder handeln.

Das Versprechen, die Verpflichtung, ist das Kernstück beim Selbstbefreiungsprozess von alten Gewohnheiten und Ängsten. Wenn wir uns auf diese Reise begeben, wird sie nur sinnvoll sein, wenn wir am Anfang ein solides Fundament legen. Hier können wir mit dem ersten Versprechen arbeiten, dem Versprechen, keinen Schaden zuzufügen. Dies wird traditionellerweise das »Pratimoksha-Gelübde« oder das »Gelübde der individuellen Befreiung« genannt – Befreiung vom Leiden, das aus dem Widerstand gegen die Realität unserer Situation entsteht, der grundlegenden Bodenlosigkeit des Lebens. Als Chögyam Trungpa einmal Belehrungen über die individuelle Befreiung gab, beschrieb er das erste Gelübde als »unsere Rettung von der samsarischen Neurose«. Mit anderen Worten: vom Leiden am Alltagsleben. Khandro Rinpoche, eine andere tibetisch buddhistische Lehrerin, erklärt, dass dieses Versprechen uns davor bewahrt, dass wir unnötigen Begehrlichkeiten nachjagen oder in unnötige Aggression oder Gleichgültigkeit verfallen. Es ist die Grundlage für die anderen beiden Versprechen – des Versprechens, anderen zu helfen, und des Versprechens, die Welt anzunehmen, so wie sie ist – und es öffnet die Tür zum freudigen und entspannten Umgang mit Veränderung und Wandel.

Und wie funktioniert das erste Versprechen? Es involviert das Arbeiten mit unserem Geist, unseren Gedanken und Emotionen, damit wir es bemerken und uns klar eingestehen, wenn wir der grundlegenden Unsicherheit des Lebens zu entkommen suchen. Was machst du, um einfach Zeit und Raum zu füllen, um das Präsentsein zu vermeiden? Wie sehen deine gewohnheitsmäßigen Handlungsweisen aus? Das erste Versprechen unterstützt uns darin, dass wir uns nicht in unsere alten Muster flüchten – es lässt uns sehr klar sehen, dass wir dabei sind, uns davonzumachen, um dann die bewusste Entscheidung zu fällen, es nicht zu tun.

Wir haben alle unsere vertrauten Ausweichmechanismen: vor dem Fernseher versacken, zwanghaft E-Mails checken, abends heimkommen und drei, vier oder sechs Drinks zu sich nehmen, zu viel essen, zu viel arbeiten. Manchmal besteht unser Ausweg auch nur in ewigem, ziellosem Geschnatter. Dieses Versprechen arbeitet zum großen Teil mit unserer Sprechfähigkeit. Wir setzen die Sprache und unsere verbalen Fähigkeiten auf unendlich vielfältige Weise ein, um uns abzulenken, nicht nur durch lautes Sprechen. Wir führen auch fast permanent innere Selbstgespräche. Einer der Gründe, warum ich Meditationsretreats so sehr schätze, ist der, dass ich mir hier wirklich genau anschauen kann, wie ich mich sogar in absoluter Stille mit meinem Geist beschäftigt halte.

Beim ersten Versprechen geht es darum, dass wir uns beim Reden und Handeln all dessen enthalten, was für uns und andere schädlich ist. Es befreit uns, indem es uns unsere Gefühle sehr viel bewusster wahrnehmen lässt und wir uns zurückhalten, wenn uns der Drang überkommt, zu lügen, zu verleumden oder etwas zu nehmen, was uns nicht gegeben wird; wenn wir den Impuls verspüren, unser Verlangen oder unsere Aggression auszuagieren oder in irgendeiner Form die Flucht anzutreten.

Wenn wir Abstand nehmen von schädlichem Reden

und Handeln, kann es uns eine echte Unterstützung und Hilfe sein, dass wir uns den traditionellen vier Grundsätzen oder Direktiven verpflichten: nicht zu töten, nicht zu stehlen, nicht zu lügen und anderen mit unseren sexuellen Aktivitäten keinen Schaden zuzufügen. Wir können uns diesen Grundsätzen für einen Tag, eine Woche oder ein ganzes Leben verpflichten. Für voll ordinierte Mönche und Nonnen gibt es Hunderte von Regeln, aber der Buddha sagte, die wichtigsten seien diese vier. Im Grunde lässt uns das Befolgen dieser Grundsätze den Raum, jede Nuance des Drangs, uns negativ zu äußern, einer Überprüfung zu unterziehen. Dabei können wir aber dennoch unsere Gefühle voll anerkennen und die Wahl treffen, nichts zu tun, was Schaden anrichten könnte.

Einfach ausgedrückt beginnt der Pfad der Befreiung also damit, dass wir darauf verzichten, uns selbst und anderen Schaden zuzufügen. Beim Wort »verzichten« denken viele automatisch an »Unterdrückung« und nehmen an, dass sie, wenn irgendein Impuls in ihnen aufsteigt, ihn einfach verdrängen sollen. In therapeutischen Kreisen gibt es eine anhaltende Debatte darüber, was mehr Schaden anrichtet: verdrängen oder ausagieren. In meinen Augen ist beides gleichermaßen schädlich. Hat man erst einmal gesprochen oder gehandelt, setzt eine Kettenreaktion ein, und die Emotionen anderer kommen mit ins Spiel. Wann immer wir aus der Aggression oder aus dem Begehren, der Eifersucht, dem Neid oder dem Stolz heraus sprechen oder handeln, ist das so, als würden wir ein Steinchen in einen Teich werfen und zusehen, wie sich die Wellen ausbreiten; alles in unserem Umfeld ist davon betroffen. Wenn wir aber unsere Gefühle unterdrücken, wirkt sich das ebenfalls auf andere aus, weil wir dann wie ein Fässchen Dynamit herumlaufen, das kurz vor der Explosion steht.

Wenn wir uns zurückhalten und nicht auf alles gleich mit Worten oder Taten reagieren, verlangsamt sich das Geschehen, was uns in die Lage versetzt, unsere habituellen Reaktionen in aller Deutlichkeit zu erkennen. Solange wir unsere Reaktionen nicht wirklich wahrnehmen können, können wir auch nie genau wissen, was die Ursache dafür ist, dass wir feststecken, und was uns dabei hilft, uns zu befreien. Wichtig jedoch ist, dass dieses »Sichenthalten« im Geiste einer *mitfühlenden* Selbstbetrachtung stattfindet. Wir schauen auf der Basis von echtem Vertrauen in unser grundlegendes Gutsein auf das, was wir tun. Wir vertrauen darauf, dass wir im Grunde unseres Wesens offenen Herzens und aufgeschlossenen Geistes sind. Und dass wir, wenn uns unsere Emotionen nicht verwirren, wissen, was hilfreich ist und was schadet oder Schmerz bereitet.

Wenn wir von der Sichtweise ausgehen, dass wir grundsätzlich gut und nicht fehlerbehaftet sind, werden wir – wenn wir unsere Worte oder Taten oder unser Verdrängen und Unterdrücken beobachten – in wachsendem Maße verstehen, dass wir keine schlechten Menschen sind, die sich mal Benehmen beibringen müssten, sondern dass wir gute Menschen mit temporären, formbaren Gewohnheiten sind, die uns eine Menge Leiden verursachen. Und in diesem Geiste können wir dann mit jenen veränderlichen, wenngleich stark eingewurzelten Gewohnheiten sehr vertraut werden. Wir können sie so klar und mit solchem Mitgefühl sehen, dass wir sie nicht weiter verstärken werden.

Manchmal wird dieser Prozess des klaren Erkennens unserer Gewohnheiten mit einer großen, leeren Leinwand verglichen, auf der wir dann mit einem Pinsel einen Tupfer aufbringen. Die leere Leinwand steht für das grundlegende Gutsein, unsere uneingeschränkte Grundnatur; der Tupfer steht für eine Gewohnheit. Es kann ein sehr kleiner Tupfer sein, doch auf der leeren Leinwand sticht er stark hervor. So können wir sehr deutlich sehen, ob wir gesprochen oder gehandelt oder nicht gesprochen oder nicht gehandelt haben. Wir können also anfangen, uns darin zu schulen, dass wir wissen, was wir tun, wenn wir es tun – und dass wir beim Reden und Handeln freundlich zu uns selbst sind. Wir freuen uns, wenn wir erkennen können, dass wir in alten Mustern verfangen sind, und uns dabei ertappen, noch bevor wir etwas sagen oder ausleben. Wir alle schleppen Schrankkoffer voller alter Gewohnheiten mit uns herum, aber zum Glück lassen sie sich entsorgen. Sie müssen uns nicht ewig niederdrücken. Sich zu enthalten ist etwas sehr Machtvolles, weil es uns die Möglichkeit gibt zu erkennen, wenn wir uns verfangen haben, um uns dann daraus zu lösen.

Mit jedem Mal, das wir uns nicht enthalten und stattdessen etwas sagen oder handeln, bestärken wir die alten Gewohnheiten, die *kleshas* und das festgelegte Selbstgefühl. Wir halten den ganzen Leidensmechanismus am Laufen. Aber wenn wir uns enthalten, lassen wir uns die unterschwellige Unsicherheit fühlen – diese nervöse rastlose Energie –, ohne dass wir den Versuch machen, ihr zu entkommen. Die Fluchtrouten sind da, aber wir nutzen sie nicht. Wir kommen mit dem Gefühl von grundlegendem Unbehagen in Kontakt und entspannen uns in dieses Gefühl hinein, statt von irgendwelchen Gedanken und Emotionen umgetrieben zu werden. Wir versuchen nicht, die Gedanken auszuradieren; wir trainieren uns nur darin, uns nicht so sehr in sie zu verwickeln. Dzigar Kongtrül hat einen Spruch an der Eingangstür seiner Retreathütte angebracht: »Glaube nicht alles, was du denkst.« Das ist hier der Grundgedanke.

Wenn wir uns unserer Gedanken und Emotionen bewusster werden und sie mit gütigem Interesse und freundlicher Neugier betrachten, erkennen wir allmählich, auf welche Art wir uns gegen den Schmerz wappnen. Und wir erkennen, wie uns diese Rüstung auch vom Schmerz – und der Schönheit – anderer Leute fernhält. Aber wenn wir die sich ewig wiederholenden Storys und fixen Vorstellungen über uns selbst fallenlassen – vor allem dieses tiefsitzende Gefühl, dass wir »nicht in Ordnung« wären –, dann beginnt auch die Rüstung zu zerfallen, und wir öffnen uns in die Weite unserer wahren Natur hinein, in unser wahres Wesen jenseits von vorüberziehenden Gedanken und Emotionen. Wir erkennen, dass unsere Rüstung aus nichts anderem als Gewohnheiten und Ängsten besteht, und in uns erwacht das Gefühl, dass wir sie ziehen lassen können.

Das erste Versprechen arbeitet mit den Ursachen des Leidens und bewirkt dessen Beendigung, indem es uns deutlich sehen lässt, worin unsere Fluchtwege bestehen, uns gleichzeitig aber befähigt, die Flucht nicht zu ergreifen. Die Wissenschaft belegt, dass mit jedem Mal, das wir uns enthalten, aber nichts unterdrücken, neue neuronale Pfade im Hirn eröffnet werden. Indem wir nicht die alten Fluchtwege einschlagen, bringen wir uns dazu, uns auf neue Weise zu sehen, wir lassen eine neue Art der Beziehung zur rätselhaften, unvorhersehbaren Welt entstehen, in der wir leben.

Die Drei Versprechen sind nicht moralisierend – sie haben nichts damit zu tun, dass wir ein »braves Mädel« oder ein »guter Junge« sind. Hier geht es vielmehr darum, dass wir uns für eine umfassendere Sicht öffnen und uns im Kern ändern. Das Verstehen des ersten Versprechens und der Grundvoraussetzung, dass wir unsere Fluchtwege erkennen, sie uns eingestehen und ihnen nicht folgen, ist die notwendige Basis dafür, dass wir auch das Wesen der nachfolgenden Versprechen begreifen.

Man nennt das erste Versprechen oft den »schmalen Pfad«, weil es sich mit dem Durchwandern eines sehr engen Korridors vergleichen lässt. Verlieren wir unsere Bewusstheit, können wir vom Kurs abkommen und gegen die Wand krachen. Wir müssen also unsere Aufmerksamkeit immer wieder auf den Pfad lenken und geradeaus wandern. Im Grunde genommen ist dieses Versprechen ganz einfach: Entweder sprechen oder handeln wir, um zu entfliehen, oder wir tun es nicht. Die nachfolgenden Versprechen sind flexibler und weisen keine so eindeutigen – und tröstlichen – Grenzen auf. Es ist also wichtig, mit dieser sehr direkten geradlinigen Herangehensweise anzufangen: Wir äußern uns nicht und agieren nichts aus. Das erste Versprechen erfordert von uns einen gewissenhaften Umgang mit dem Unterbrechen der Schwungkraft der Gewohnheit, der Schwungkraft des Davonlaufens. Ansonsten werden wir, da mit den Versprechen zunehmend mehr Herausforderungen einhergehen und sie immer bodenloser werden, beim ersten Anflug von Angst, Unsicherheit oder Unzufriedenheit automatisch den Notausgang nehmen.

Viele unserer Fluchtwege schlagen wir unwillkürlich ein: Suchtabhängigkeit und der Versuch, sich von schmerzlichen Gefühlen abzuspalten, sind nur zwei Beispiele. Wer je mit einer starken Sucht zu tun hatte – sei es die Ess-, die Sex-, die Drogensucht, Jähzorn oder irgendein anderes Verhalten, das außer Kontrolle geraten ist –, weiß, dass der Drang unwiderstehlich ist, wenn er einmal aufkommt. Die Verführung ist zu stark. Daher trainieren wir immer und immer wieder in weniger stark aufgeladenen Situationen, in denen der Drang zwar vorhanden, aber nicht so überwältigend ist. Indem wir mit alltäglichen Irritationen und Reizen üben, kriegen wir den Dreh allmählich raus, wie wir uns enthalten können, wenn's dann mal wieder stürmischer zugeht. Um dahin zu kommen, dass wir nicht immer weiter denselben alten Fluchtweg des Sichäußerns oder Ausagierens nehmen, bedarf es der Geduld und der Einsicht, dass wir uns damit selbst verletzen würden.

Oft höre ich Reaktionen wie: »Oh, ich brauche nicht zu versprechen, dass ich nicht töten werde. Ich töte ohnehin nicht.« Oder: »Ich bin kein Dieb, und ich bin kein Mönch (oder keine Nonne), lebe aber schon seit zwanzig Jahren zölibatär. Warum also sollte ich mich dem Grundsatz verpflichten, niemanden mit meinen sexuellen Ambitionen zu schädigen oder zu verletzen?« Der Punkt beim Einhalten der Grundsätze ist der, dass wir so zu etwas Tieferem gelangen. Wenn wir auf der Alltagsebene davon Abstand nehmen, zu töten, zu lügen, zu stehlen oder andere mit unseren sexuellen Aktivitäten zu schädigen oder zu verletzen, dann nennt man das äußere Entsagung. Man hält sich sozusagen an eine Reihe von Vorschriften. Auf der äußeren Ebene halten wir die Regeln ein. Die äußere Entsagung bringt uns jedoch auch mit dem *inneren* Geschehen in Kontakt: mit dem Klammern und Festlegen, mit unserer Tendenz, der Bodenlosigkeit auszuweichen, die in uns ein so mulmiges, ungutes Gefühl auslöst. Sich verletzendem Reden und schädlichem Handeln zu enthalten ist die äußere Entsagung; die Entscheidung, vor den unterschwelligen Gefühlen nicht zu flüchten, ist die innere Entsagung. Die Grundsätze sind ein Hilfsmittel, das uns mit dem zugrunde liegenden Unbehagen in Berührung bringt, mit der grundlegenden dynamischen Qualität des Lebendigseins. Das Arbeiten mit diesem Gefühl und der Neurose, die es auslöst, ist die innere Entsagung.

Wenn ich verspreche, niemanden zu verleumden, nicht zu klatschen oder keine barschen Worte zu gebrauchen, aber mutterseelenallein in einer Hütte im Wald lebe und niemanden zum Reden habe, lässt sich der Grundsatz, niemanden mit meinen Worten Schaden zuzufügen oder zu verletzen, leicht einhalten. Wenn ich aber in dem Augenblick, in dem ich mit anderen beisammen bin, zu klatschen anfange, dann habe ich über die schädliche Auswirkung von verletzenden Worten nicht viel gelernt. Und auch nicht über die Emotionen, die mich zum Klatschen anregen. Den Grundsatz einzuhalten bedeutet, dass ich zweimal nachdenke, bevor ich mich auf ein solches Gespräch einlasse. Ob wir uns nun also vier oder fünf oder acht und Hunderten Grundsätzen verpflichten, die Tatsache, dass wir die Verpflichtung eingegangen sind, schützt uns, wenn die Versuchung kommt.

Als Übung können Sie das Versprechen abgeben, einen oder mehrere Grundsätze einen Tag in der Woche, zweimal im Monat, für die Dauer eines Meditationsretreats oder ein ganzes Leben lang einzuhalten. Die ersten vier Grundsätze gelten als die grundlegendsten. Die Verpflichtung auf den fünften Grundsatz, keine Drogen und keinen Alkohol zu konsumieren, wird oft zusammen mit den anderen vier eingegangen.

Der Wortlaut der folgenden fünf ethischen Grundsätze basiert frei auf einer Fassung des vietnamesischen Zen-Meisters Thich Nhat Hanh:

1. *Über das Schützen des Lebens*
   Des Leidens bewusst, das durch die Zerstörung von Leben entsteht, gelobe ich, kein Lebewesen zu töten. Ich werde mein Bestes tun, Aggressionsfreiheit und Mitgefühl zu kultivieren und zu lernen, das Leben zu schützen.
2. *Über das Achten dessen, was anderen gehört*
   Des Leidens bewusst, das verursacht wird durch Diebstahl oder das Nehmen von etwas, das anderen gehört, gelobe ich, nichts zu nehmen, was mir nicht angeboten wird. Ich werde mein Bestes tun, das Eigentum anderer zu respektieren.
3. *Über das Nichtverletzen anderer durch unsere sexuelle Energie*
   Des Leidens bewusst, das durch gedankenlos oder aggressiv ausgelebte sexuelle Energie verursacht wird, gelobe ich, meinem gegenwärtigen Partner (meiner gegenwärtigen Partnerin) treu zu sein und anderen mit meiner sexuellen Energie keinen Schaden zuzufügen. Ich werde mein Bestes

tun, achtzuhaben auf das, was mich und andere verletzt und schädigt, und wahre Liebe und Respekt frei von Anhaftung zu fördern. Es ist mein Bestreben, allen Wesen zu dienen und sie zu schützen.

4. *Über das achtsame Sprechen*
   Des Leidens bewusst, das durch unachtsame Rede verursacht wird, gelobe ich, die rechte Rede zu kultivieren. Im Wissen, dass Worte Glück oder Leid schaffen können, werde ich mein Bestes tun, nicht zu lügen, zu klatschen oder zu verleumden, keine harschen Worte zu gebrauchen oder unnütz zu schwatzen und keine Dinge zu sagen, die Spaltung oder Hass herbeiführen. Ich bin bestrebt, immer die Wahrheit zu sagen.
5. *Über das Schützen von Körper und Geist*
   Des Leidens bewusst, das durch Alkohol, Drogen und andere Rauschmittel verursacht wird, gelobe ich, keinen Alkohol zu trinken und keine Drogen zu mir zu nehmen. Ich werde mein Bestes tun, mein Leben so zu leben, dass sich meine innere Stärke und Flexibilität sowie meine Offenheit gegenüber allen Wesen und auch dem Leben selbst erhöht.

Es reicht jedoch nicht, einfach nur die Regeln einzuhalten, die Grundsätze buchstabengetreu zu befolgen. Klebe ich an der äußeren Form, kann das auch einfach nur eine andere Art sein, meine festgelegte Identität zu stärken, mein Selbstimage als tugendhafter Mensch aufzupolieren als jemand, der reiner ist als andere. Mit anderen Worten, vielleicht stärkt es nur meinen Stolz. Wenn ich nicht auch die innere Entsagung mit einbeziehe und mir die Methoden eingestehe, mit denen ich mich durch den Aufbau dieser tugendhaften Identität abstütze, kann das simple Befolgen der Regeln fast ebenso zerstörerisch sein, wie sie zu brechen.

Shantideva führt in seinem *Bodhicaryāvatāra* alle erdenklichen Regungen auf, die zum Ausdruck kommen, wenn man drauf und dran ist, sich neurotisch zu äußern oder zu handeln. Und in allen Fällen rät er, es zu unterlassen. Wenn Verlangen oder Begehren aufkommen oder der Drang, aus der Aggression heraus zu sprechen oder zu handeln, dann »handle nicht!«, warnt er. »Sei still, sprich nicht!« Das ist die Grundanweisung im Zusammenhang mit dem ersten Versprechen: Handle nicht, sprich nicht. Das ist die äußere Arbeit. Und dann gibt es auch die innere Arbeit, nämlich zu erkunden, was als Nächstes passiert, wenn wir nicht handeln und sprechen. Shantidevas Rat lautet:

Wenn der Geist erregt ist, herablassend,
überheblich, selbstgefällig oder
Fehler bei den anderen sucht, wenn ich Gedanken habe,
die hinterhältig oder arglistig sind;
wann immer ich mich bemühe, ein Lob zu erhaschen,
den Wunsch habe, andere zu beschuldigen,
zu missbrauchen, oder wenn ich reizbar bin –
dann sollte ich einem Holzklotz gleich verharren.

Wenn es keine Versuchung gibt, die Impulse auszuleben, ist die transformierende Kraft der Versprechen geringer, keinen Schaden zuzufügen, als wenn wir uns verbal Luft machen oder etwas ausagieren wollen – uns nach Reichtum, Aufmerksamkeit, Ruhm, Ehre, Anerkennung und »einen Kreis von Bewunderern« sehnen, wie Shantideva es formuliert –, wir dem Verlangen jedoch nicht nachgeben. Vielleicht haben Sie ja den Wunsch, von jedem gemocht zu werden. Oder Sie wollen jemanden schlechtmachen und einen Vorteil für sich selbst herausschlagen. Oder Sie möchten über jemanden herziehen. Oder Sie sind ungeduldig. Oder Sie sind auf einen Kampf aus. Vielleicht sind Sie versucht, sich dem hinzugeben, was Shantideva »hochmütige Rede« und »Unverschämtheit« nennt, oder dem Zynismus, Sarkasmus oder einer herablassenden Haltung. Wenn Sie sich eingestehen, was hier passiert, und vom Handeln Abstand nehmen, schafft das etwas Raum in Ihrem Geist. Wenn Sie an Ansichten und Meinungen kleben, glauben, dass Sie immer recht haben, und andere herumkommandieren, dann stecken Sie ewig fest. Sie fahren fort, die Leute wütend zu machen oder sich minderwertig vorkommen zu lassen, und beschwören nur weiterhin unnötige Auseinandersetzungen herauf. Was ist die Lösung? Erforsche dich selbst, sagt Shantideva. Schau genau hin, was du tust. »Genauso sollte ich alle negativen Emotionen und sinnlosen Absichten in meinem Geist erforschen«, sagte er. »Auf diese Weise halten die Glorreichen (Bodhisattvas) ihren Geist im Gleichgewicht und wenden die Gegenmittel an.«

Wenn Sie Abstand nehmen – wenn Sie das Ziehen und Zerren der gewohnheitsmäßigen Gedanken und Emotionen in sich spüren, aber nicht den Fluchtweg antreten, indem Sie handeln oder sich verbal äußern –, können Sie es mit dieser Übung innerer Entsagung versuchen:

Nehmen Sie wahr, was Sie empfinden: Wie fühlt es sich im Körper an, wenn Sie dieses Verlangen oder diesen Drang zur Aggressivität haben?

Nehmen Sie Ihre Gedanken wahr: Was für eine Art von Gedanken erzeugen diese Gefühle?
Nehmen Sie Ihre Handlungen wahr: Wie behandeln Sie sich selbst und andere, wenn Sie sich so fühlen?

Das bedeutet es, einem Versprechen, einer Verpflichtung entsprechend zu leben. Chögyam Trungpa wurde einmal gefragt: »Verpflichtung zu was?« Er erwiderte: »Verpflichtung zum gesunden Verstand.« Wir könnten auch »Verpflichtung zum Mut«, »Verpflichtung zur Entwicklung einer bedingungslosen Freundschaft mit dir selbst« sagen.

Zum tieferen Verständnis, was mit innerer Entsagung gemeint ist, können Sie es mit folgender Praxisübung »Auf eine Sache verzichten« probieren:

Unterlassen Sie einen Tag lang (oder einen Tag in der Woche) etwas, was Sie gewohnheitsmäßig tun, um davonzulaufen, um zu entkommen. Suchen Sie sich etwas Konkretes aus wie zum Beispiel zu viel zu essen, bis in die Puppen zu schlafen oder zu viel Zeit mit dem Schreiben und Checken von E-Mails zu verbringen. Versprechen Sie sich selbst, sanft und mitfühlend mit sich zu arbeiten und sich jenen einen Tag lang dieser Gewohnheit zu enthalten. Legen Sie sich wirklich darauf fest. Tun Sie es mit der Intention, dass dies Sie mit der zugrunde liegenden Angst oder Unsicherheit in Berührung bringt, der Sie ausgewichen sind. Tun Sie das und schauen Sie, was Sie dabei entdecken.

Wenn Sie von den eingeschliffenen Gedanken und habituellem Verhalten Abstand nehmen, werden die unbehaglichen Gefühle nach wie vor da sein. Sie verschwinden nicht wie von Zauberhand. Mit den Jahren bin ich dazu übergegangen, dieses ruhige Verweilen beim Unbehagen die »Entzugsphase« zu nennen, denn wenn wir nicht mit unseren gewohnten Handlungen reagieren, ist dies wie das Aufgeben einer Sucht. Wir sind unseren Gefühlen ausgesetzt, denen wir zu entkommen suchten. Die Praxis besteht darin, eine rückhaltlose Beziehung dazu herzustellen.

Die unterschwellige Angst kann sehr stark sein. Vielleicht erleben Sie sie als Hoffnungslosigkeit oder sogar als Panik. Doch ist die Grundanschauung die, dass Sie eine fundamentale Güte finden werden, wenn Sie bei diesem Gefühl bleiben, wenn Sie durch die Furcht, die Hoffnungslosigkeit, den Widerstand in seinen verschiedenen Formen hindurchgehen können. Alles öffnet sich. Ein Gedicht des verstorbenen Rick Fields spricht diesen Prozess an:

Diese Welt – absolut rein,
wie sie ist. Hinter der Angst,
Verletzlichkeit. Dahinter
Traurigkeit, dann Mitgefühl.
Und dahinter der unermesslich weite Himmel.

Mit Hilfe dieser Praxis, dieser Erkundung der inneren Entsagung, können wir allmählich über unsere Identität hinaussehen, die auf Angst gegründet festgelegt ist. Wenn wir eine mitfühlende furchtlose Beziehung mit der Realität menschlicher Bedingtheit eingehen – mit unseren Gewohnheiten, unseren Emotionen, mit der Bodenlosigkeit –, dann wird sich etwas fundamental ändern, und wir machen schließlich die Erfahrung der himmelsgleichen, unvoreingenommenen Natur unseres Geistes. Chögyam Trungpa sagte, dass es ein vollkommen frischer, vollkommen neuer, vollkommen unparteiischer Geisteszustand ist, und wir nennen es »Erleuchtung«. Mit anderen Worten, die Erleuchtung ist schon vorhanden; wir müssen nur mit ihr in Berührung kommen, sie erkennen und ihr vertrauen. Aber davor müssen wir eine Reise durch unseren Widerstand unternehmen, jede seiner Nuancen kennen, jede seiner Strategien und seiner Fluchtwege. So entdecken wir dieses Gewahrsein, diese Bewusstheit.

Was passiert aber, wenn wir dieses Versprechen brechen? Was geschieht zum Beispiel, wenn wir auf schädigende Art und Weise handeln oder sprechen? Was machen wir dann? Wenn das Verfallen in Gewohnheitsmuster, in gewohnheitsmäßige Ausflüchte von Zeit zu Zeit unvermeidlich ist, wie kehren wir dann auf den Pfad zurück?

Es gibt im Buddhismus eine »Sojong« genannte Praxis, die uns die Möglichkeit bietet, darüber nachzudenken, wo wir in puncto Enthaltung stehen, und die Dinge, wenn wir sie wirklich verbockt haben, hinter uns zu lassen und einen Neunanfang zu machen. Das Sojong findet traditionellerweise zweimal im Monat statt, bei Vollmond und bei Neumond. Am Vortag lässt jede Person die vergangenen zwei Wochen Revue passieren und denkt über Folgendes nach: »Was habe ich mit meinem Körper getan? Was mit meinem Sprechen? Wie steht es mit meinem Geist: Ist er stetig, oder schwirrt er überall herum und ist nie präsent?«

Wir erforschen diese Fragen so gründlich wie möglich ohne Selbstkritik oder Schuldzuweisung. In Gampo Abbey kommen wir am Tag vor Sojong zusammen und sprechen über die Dinge, mit denen wir in den letzten beiden Wochen gearbeitet haben. Wir teilen unsere Einsichten über das, was hilft, und das, was hinderlich ist.

Ein wenig gleicht das Sojong dem vierten und fünften Schritt beim Zwölf-Schritte-Programm, die zu einer »eingehenden und furchtlosen« Eigenbestandsaufnahme auffordern, zur Erkenntnis, wo wir vom Kurs abgekommen sind, um dies dann mit einer anderen Person zu teilen. Das Sojong ist eine Art »Anti-Schuldgefühl-Prozess«, der uns gestattet, uns ehrlich einzuschätzen und einzugestehen, was wir getan haben und wo wir stehen, um dann jedwede Selbstverurteilung aufzugeben und weiterzugehen. Statt an der Ansicht festzuhalten: »Ich bin ein hoffnungsloser Fall. Woche um Woche, Monat um Monat, Jahr um Jahr vergehen, und ich kann nicht aufhören zu lügen (oder worin immer Ihre Gewohnheit besteht)«, können Sie sagen: »Nun, das ist es, wo ich jetzt stehe. Ich sage ganz offen und uneingeschränkt, was jetzt und in der Vergangenheit passiert ist, und gehe nun mit dem Gefühl des Neuanfangs voran.«

Sie brauchen das nicht laut in Gegenwart anderer zu sagen, aber die meisten Leute finden, dass sie ihre Selbstverurteilung leichter aufgeben können, wenn sie ihre Beobachtungen mit jemandem teilen – mit einer Freundin vielleicht oder einem spirituellen Berater. Wie immer Sie vorgehen, das Ziel ist, vollkommen ehrlich zu sein und gleichzeitig die Schuldgefühle abzulegen. Eine Gruppe von Schülern befragte einmal Chögyam Trungpa zum Thema Schuld und Schuldgefühl. Darunter war ein Mann, der im Vietnamkrieg Menschen umgebracht hatte und nun von Selbsthass und Schuldgefühlen gepeinigt wurde. Chögyam Trungpa sagte zu ihm: »Das war damals. Jetzt ist jetzt. Du kannst dich immer und jederzeit mit deiner wahren Natur verbinden und von allem, was davor war, frei sein.« Statt uns von unseren Reuegefühlen runterziehen zu lassen, können wir sie nutzen, damit sie uns anspornen, schädigendes Verhalten nicht zu wiederholen, sondern daraus zu lernen und in Zukunft klüger zu sein. Wir sind grundlegend gut, nicht grundlegend fehlerhaft, und darauf können wir vertrauen.

Es ist nie zu spät, unser Gelübde wiederherzustellen, unser Versprechen der Enthaltung zu erneuern. Aber gleichzeitig ist es so, dass unsere Muster immer stärker werden und wir fortfahren, die gleichen Dinge immer und immer wieder zu tun, wenn wir nicht ganz und gar bewusst und uns im Klaren darüber sind, was wir tun. Somit bietet also der Prozess, der mit dem ersten Versprechen beginnt, eine Gelegenheit, Klarheit über unseren Geist, unser Reden und unser Handeln zu gewinnen und uns zugleich ehrlich und sanft einzugestehen, was in der Vergangenheit geschehen ist, dann unsere schädigenden Taten beiseitezulegen, nach vorn zu schauen und weiterzugehen.

Niemand ist perfekt, wenn es darum geht, das Versprechen des Nichtschädigens einzuhalten. Dennoch fragen mich die Schüler oft: »Wie kann ich dieses Versprechen in aller Aufrichtigkeit abgeben? Wenn ich es in jedem Fall brechen werde, wo ist da die Pointe?« Patrul Rinpoche, ein im achtzehnten Jahrhundert lebender buddhistischer Meister, sagte, dass wir Schaden zufügen, lässt sich im Grunde unmöglich verhindern. In seinem Buch *Die Worte meines vollkommenen Lehrers* widmet er einen ganzen Abschnitt all den Arten, wie wir Schaden zufügen: Zahllose Wesen leiden, weil sie die Lieferanten der Kleidung sind, die wir tragen, und der Nahrung, die wir essen. Es leiden sogar Wesen, wenn wir gehen. Wer ist nicht schuldig, zahllose winzige Insekten unter seinen Füßen zertreten zu haben? So fragt er. Da wir mit allen Dingen wechselseitig verbunden sind, können wir dieser Situation nicht entrinnen. Der Unterschied besteht darin, dass wir die Absicht haben, keinen Schaden zuzufügen. Auf der Alltagsebene bedeutet diese Absicht, dass wir unseren Körper, unsere Sprache und unseren Geist so einsetzen, dass wir nicht mit unseren Handlungen oder Worten wissentlich Menschen, Tiere, Vögel, Insekten – irgendein Lebewesen – verletzen.

Und wir geloben nicht nur, keinen Schaden zuzufügen und niemanden zu verletzen, sagt Patrul Rinpoche, wir verpflichten uns auch, das Gegenteil zu tun: Wir helfen. Wir heilen. Wir tun alles, was wir können, um anderen von Nutzen zu sein.

4 ~ Sei vollkommen präsent, fühl dein Herz und spring

Wir können die an Ort und Stelle ausgeübte Praxis, *vollkommen präsent zu sein, unser Herz zu fühlen und den nächsten Moment mit aufgeschlossenem Geist zu begrüßen,* jederzeit ausführen: Beim Aufwachen am Morgen, vor einem schwierigen Gespräch, wenn Angst oder Unbehagen aufkommen. Mit dieser Praxis nehmen wir auf schöne Art unsere Kriegerschaft, unsere spirituelle Kriegerschaft, in Anspruch. Mit anderen Worten, hier bietet sich uns die Möglichkeit, unseren Mut, unsere Freundlichkeit, unsere Stärke aufzurufen. Sie können, wann immer es Ihnen in den Sinn kommt, kurz innehalten, überprüfen, wie Sie sich körperlich und geistig fühlen, und sich dann mit Ihrem Herzen verbinden – auch die Hand aufs Herz legen, wenn Sie möchten. So begegnen Sie dem, was im Moment für Sie vor sich geht, mit Herzenswärme und Akzeptanz. Vielleicht haben Sie Rückenschmerzen, einen in Aufruhr befindlichen Magen, Panik, eine ungeheure Wut, empfinden Ungeduld, friedliche Ruhe, Freude – was immer es ist, Sie können es so sein lassen, wie es gerade ist, ohne es als gut oder schlecht zu bezeichnen, ohne sich zu sagen, dass Sie so oder nicht so empfinden sollten. Haben Sie sich mit

Liebe und Akzeptanz verbunden mit dem, was ist, können Sie neugierig und mutig weitergehen. Ich nenne diesen Schritt »einen Sprung machen«.

Die meisten Menschen brauchen für diese Praxis ein bisschen Unterstützung. Es ist nicht immer leicht, völlig – oder auch nur teilweise – präsent zu sein. Es fällt manchmal schwer, uns selbst mit Herzenswärme zu begegnen. Und noch weniger einfach ist es, unsere habituellen Verhaltensweisen aufzugeben und einen Sprung zu machen. Glücklicherweise liefert uns die Meditation hier genau die Unterstützung, die wir brauchen. Sie ist eine Praxis, bei der wir üben, präsent zu bleiben, unser Herz zu nähren und loszulassen.

Ähnlich wie wir vielleicht am Klavier üben, um unsere musikalischen Ambitionen zu kultivieren, oder trainieren, um unser sportliches Talent weiterzuentwickeln, können wir Meditation praktizieren, um die natürliche Fähigkeit des Geistes zu fördern, präsent zu sein, liebende Güte zu fühlen und uns über festgelegte Meinungen und Ansichten hinaus zu öffnen. Die Meditation, die ich gelehrt wurde und praktiziere, besteht aus drei Hauptteilen: Körperhaltung, das Meditationsobjekt und die Art und Weise, in der wir uns auf Gedanken beziehen. Wenn ich hier nun die Anleitungen durchgehe, weise ich auf die Aspekte hin, die sich auf das Präsentsein, das Fühlen des Herzens und das Loslassen beziehen.

Es fängt bei der Körperhaltung an – damit, wie uns unser Körper während der Meditation stützt. Wir beginnen damit, dass wir in unserem Körper vollkommen präsent sind, uns über unseren Sitz, unsere Beine, unsere Arme, unseren Rumpf gewahr werden. Wir nehmen eine vornehme, gerade aufgerichtete, aber entspannte Haltung ein; sie hilft uns, innerlich zur Ruhe zu kommen und uns mit einem Gefühl von Zuversicht und Würde zu verbinden. Wir rufen unsere Kriegerschaft auf, unsere Tapferkeit, ein grundlegendes Gefühl, in Ordnung zu sein. Ist der Körper aufgerichtet, wird es auch der Geist sein. Die von Chögyam Trungpa gelehrten sechs Punkte einer guten Körperhaltung helfen uns bei diesem Vorgang. Sie betreffen den Sitz, die Beine, den Rumpf, die Hände, die Augen und den Mund.

Der erste Punkt ist *der Sitz*. Manchmal spricht man bei der Meditation vom »Sitz-Einnehmen«. Den Sitz einzunehmen bedeutet, mit dem Selbstvertrauen in Meditation zu sitzen, dass wir das Recht haben, da zu sein, das Recht, vollkommen wach zu sein. Konkret: Wir sollten auf dem flachen Boden und ausbalanciert sitzen. Wenn Ihnen das lieber ist, können Sie sich ein Meditationskissen unterschieben, sodass Ihr Becken erhöht und leicht nach vorn geneigt ist; das hilft Ihnen, bequem zu sitzen, ohne dass Sie in sich zusammenfallen. Wie auch immer Sie sitzen, Ihr Körper sollte in sich gerade aufgerichtet sein – weder zu weit nach vorn noch zu weit nach hinten, weder nach links noch nach rechts geneigt. Es geht darum, dass Sie zu einer bequemen Haltung finden, sodass Sie nicht wackeln oder während der Meditation dauernd die Haltung verändern.

Wenn Sie es unbequem finden, auf einem Kissen zu sitzen, können Sie auch einen Stuhl nehmen, vorzugsweise mit gerader Rückenlehne und ebener Sitzfläche. Rücken Sie ein wenig nach vorn, sodass Sie nicht angelehnt sitzen, und stellen Sie die Füße flach auf den Boden.

Der zweite Punkt betrifft *die Beine*. Wenn Sie auf einem Kissen sitzen, sollten Sie bequem im halben Lotussitz (Schneidersitz) sitzen. Um den auf dem Rücken lastenden Druck zu mindern, sollten Sie dafür sorgen, dass die Knie nicht höher als die Hüften liegen. Sie können mit verschiedenen Beinhaltungen experimentieren, bis Sie eine finden, die für Sie bequem ist. Wenn es für Sie während der Meditation sehr unbequem wird, können Sie vorübergehend die Haltung des Ausruhens einnehmen: Halten Sie den Rücken gerade, beugen Sie die Knie und ziehen Sie die Beine in Richtung Brustkorb an. Sie können die Arme um die Beine legen, um sie stabil zu halten.

Der nächste Punkt betrifft *den Rumpf* (die Körperpartie vom Nacken bis zum Sitz). Gleich, welche Haltung Sie wählen, der Rumpf sollte gerade aufgerichtet sein. Chögyam Trungpas Anweisung lautete: »vorn offen, hinten stark«. »Hinten stark« meint nicht einen starr aufgerichteten Rücken, sondern ein gerades Rückgrat und keine gekrümmten Schultern. So bleibt der Bereich um das Herz weit offen, und wir können unser Herz fühlen. Wenn Sie anfangen, in sich zusammenzusinken, schnürt sich der Herzbereich zusammen, als würden Sie Ihr Herz verschließen. Also richten Sie sich wieder auf, sitzen Sie gerade und offen, bereit, alles willkommen zu heißen, was entsteht. Manche halten den Rumpf gerade aufgerichtet, indem sie visualisieren, dass die Rückenwirbel aufeinander aufgeschichtet sind. Andere stellen sich eine unsichtbare Schnur vor, die an ihrem Scheitel befestigt ist und den Körper nach oben zieht. Das Kinn sollte leicht nach innen gezogen, nicht nach vorn geschoben sein.

Der vierte Punkt betrifft *die Hände*. Eine klassische Haltung ist, die Hände, Handflächen nach unten, auf den Oberschenkeln zu platzieren. Sie wird traditionellerweise die Haltung des »Den-Geist-zur-Ruhe-Bringens« genannt. Da unsere Arme jeweils unterschiedlich lang sind, werden Sie experimentieren müssen, um zu sehen, wo auf den Oberschenkeln Sie die Hände ruhen lassen können, damit der Körper in sich gerade aufgerichtet bleibt.

Mit dem fünften Punkt kommen wir zu *den Augen*. Manche meditieren gerne mit geschlossenen Augen. In der Tradition, in der ich geübt bin, halten wir die Augen jedoch offen und den Blick leicht nach unten gerichtet: auf einen Punkt eineinhalb bis zwei Meter vor uns. Mit dieser Methode kultivieren wir offene Empfänglichkeit – offenes Empfänglichsein für alle Gedanken und Emotionen, die während der Meditation im Geist aufsteigen mögen, offenes Empfänglichsein für die unmittelbare Umgebung. Das hilft uns, vollkommen präsent zu sein und eine Haltung der Akzeptanz zu entwickeln.

Der letzte Punkt betrifft *den Mund*. Er bleibt leicht geöffnet. So kann der Kiefer sich entspannen und der Atem leicht durch Nase und Mund strömen.

Wenn wir uns zum Meditieren niederlassen, gehen wir als Erstes die sechs Punkte einer guten Körperhaltung durch und überprüfen sie der Reihe nach. Das nennt man manchmal »auf das Seinsgefühl zurückkommen«. Es erlaubt uns, im Körper präsent zu sein, während wir zusehen, wie der Film des Lebens sich entfaltet.

Präsent zu sein können wir während des ganzen Tages üben. Dazu brauchen wir nicht explizit zu meditieren.

Das Objekt oder der Fokus der Achtsamkeit kann alles sein, was uns direkt wieder dahin bringt, wo wir sind. Wenn wir einen Spaziergang machen, könnte das Meditationsobjekt die Bewegung unserer Beine und Füße sein. Wenn wir Geschirr abwaschen, könnten es unsere Hände sein. Wir können die Achtsamkeit auf alles richten – das Öffnen einer Tür, das Haarewaschen, das Bettenmachen.

Das Objekt oder der Fokus der formellen Meditation ist der Atem. Achten wir auf den Atem, bleiben wir präsent. Ist unsere Aufmerksamkeit abgelenkt, was wahrscheinlich eintritt, machen wir keine große Sache daraus. Unsere Einstellung zur Praxis ist immer von Warmherzigkeit und Akzeptanz geprägt. Wir sollten vom Herzen her meditieren, wie mein Lehrer Sakyong Mipham oft sagt. Wandert der Geist, lenken wir ihn einfach auf die Gegenwart zurück, immer und immer wieder. Wir versuchen nicht, auf irgendeine konstruierte Art zu atmen, sondern lassen den Atem natürlich ein- und ausströmen. Der Atem ist seiner Natur nach nichts Greifbares; an ihm ist nichts, woran wir uns festhalten könnten. Wir machen die Erfahrung, wie er kontinuierlich einfließt und sich wieder im Raum auflöst, und so stellt er für uns eine unmittelbare Verbindung mit der Vergänglichkeit her. Benutzen wir den Atem als Meditationsobjekt, führt er uns in die fundamentale Bodenlosigkeit des Lebens und in die Erfahrung des Loslassens ein. Das sorgt für das Trainieren des dritten Schritts der Drei-Schritte-Praxis: einen Sprung machen. Weil die Meditation uns darin schult, allem, was entsteht, offen und entspannt zu begegnen, liefert sie uns auch das richtige Fundament für die Selbstakzeptanz und die Herzenswärme gegenüber anderen. Mit anderen Worten, wir bekommen durch sie Übung darin, unser Herz zu fühlen.

Wir lassen unsere Aufmerksamkeit anstrengungslos und leicht auf dem Atem ruhen, während er ein- und ausströmt. Manche ziehen es vor, den Fokus nur auf das Ausatmen gerichtet zu halten. In jedem Falle sollte die Aufmerksamkeit nur zu einem Viertel unseres Gewahrseins auf dem Atem ruhen und zu drei Vierteln auf dem Raum, der den Atem umgibt. Der Atem strömt aus und löst sich im Raum auf, dann atmen wir wieder ein. Das setzt sich fort, ohne dass wir es anschieben oder kontrollieren müssen. Jedes Mal, wenn der Atem ausströmt, lassen wir ihn einfach ziehen. Was immer auch geschieht – Gedanken oder Emotionen, Laute oder Bewegungen im Umfeld –, wir üben uns darin, es ohne jedes Werturteil zu akzeptieren.

Wenn wir den Atem als Meditationsobjekt nutzen, unterstützt das die natürliche Fähigkeit des Geistes, präsent zu sein. Doch wer mit dem Meditieren gerade erst beginnt, dem fällt in den meisten Fällen als Erstes auf, wie leicht unser Geist »herumwandert«, wie schnell wir abgelenkt sind und uns im Planen und Erinnern verlieren. Wenn der Geist wandert, dient der Atem als Heimatbasis, zu der wir immer zurückkehren können.

Die Gewohnheit, sich davonzumachen, sich in Gedanken und Tagträume zu flüchten, ist ein gängiges Phänomen. Tatsache ist, dass wir die meiste Zeit in der Welt unserer Fantasie verbringen. Die Zen-Lehrerin Charlotte Joko Beck nennt diese Ausflüge in die Fantasiewelt »das Ersatzleben«.

Natürlich brauchen wir nicht erst zu meditieren, um den Geist in dieses »Lebenssubstitut« abwandern zu lassen. Wir können auch jemandem beim Reden zuhören und mental einfach abdriften. Die Person sitzt direkt vor uns, aber wir befinden uns gedanklich am Strand von Waikiki. Der Weg, auf dem wir uns davonmachen, ist die Aufrechterhaltung des ständigen inneren Kommentars über das laufende Geschehen und unsere Gefühle: »Das gefällt mir«, »Das mag ich nicht«, »Mir ist heiß«, »Mir ist kalt« und so weiter. Tatsache ist, dass wir von diesem inneren Dialog so gefangengenommen sind, dass die Menschen ringsumher unsichtbar werden. Von daher ist es wichtiger Bestandteil der Meditationspraxis, dass wir dieses fortlaufende innere Gespräch auf nichtaggressive Weise fallenlassen und freudig in die Gegenwart zurückkehren; dass wir im Körper präsent sind, im Geist, uns nicht die Zukunft vorstellen oder die Vergangenheit wieder durchleben, sondern genau für den aktuellen Augenblick da sind.

Um die Aufmerksamkeit wieder auf den Atem zu lenken, bedienen wir uns der Technik des Etikettierens. Wenn wir merken, dass wir abgelenkt sind, nehmen wir das mit der Kennzeichnung »Denken« zur Kenntnis und lenken die Aufmerksamkeit sacht auf den Atem zurück. Wichtig ist, beim Meditieren eine freundliche Einstellung zu haben, uns darin zu trainieren, Freundschaft mit uns selbst zu schließen, statt Rigidität und Selbstkritik zu stärken. Von daher versuchen wir mit einer gutherzigen, urteilslosen Einstellung zu etikettieren. Ich stelle mir Gedanken gern als Luftbläschen vor, und wenn ich sie kennzeichne, dann ist das so, als berührte ich sie mit einer Feder. Das ist etwas ganz anderes, als die Gedanken zu attackieren wie Tontauben, die ich abzuschießen versuchte.

Ein Schüler erzählte mir, dass er die Stimme in seinem Kopf »den kleinen Feldwebel« nennt. Der Feldwebel war immer hart und kritisch, bellte immer Befehle: »Bring's endlich! Mach es richtig!« Stattdessen kultivieren wir bedingungslose Selbstakzeptanz. Wir kultivieren das Fühlen des Herzens. Wenn wir merken, dass wir das Denken in hartem Ton etikettieren, können wir innehalten und eine freundlichere Stimme sprechen lassen.

Es gibt eine traditionelle Meditationsform, bei der wir die Art von aufsteigenden Gedanken sehr genau beobachten und entsprechend kennzeichnen – harter Gedanke, unterhaltsamer Gedanke, leidenschaftlicher Gedanke, zorniger Gedanke und so weiter. Aber weil dieses Vorgehen eine Beurteilung impliziert, lehrte Chögyam Trungpa, dass wir stattdessen alle Etikettierungen fallenlassen, die die Gedanken als heilsam oder unheilsam kennzeichnen, und diese einfach nur mit »Denken« bezeichnen. Das sagt genau, was es ist, Denken – nicht mehr und nicht weniger.

Shantideva drängt uns voller Begeisterung dazu, auch inmitten einer Situation extremen Unbehagens und Unwohlseins präsent zu bleiben. »Es gibt nichts, was durch Gewohnheit nicht einfacher würde; wenn wir mit kleineren Schwierigkeiten vertraut sind, können wir auch große Widrigkeiten erdulden«, sagt er.

Aber wie genau trainieren wir, nicht nur bei den »kleinen Schwierigkeiten« – den kleinen Ärgernissen des Lebens – präsent zu bleiben, sondern auch bei großen Widrigkeiten?

Der tibetisch buddhistische Meister Dzongsar Khyentse nennt die kleinen Ärgernisse des täglichen Lebens »bourgeoise Leiden«. Indem wir uns für diese alltäglichen Unannehmlichkeiten völlig öffnen – unser Lieblingsrestaurant hat geschlossen, wir stecken im Stau, schlechtes Wetter, Hungerattacken –, entwickeln wir die Fähigkeit, angesichts größerer Herausforderungen präsent zu bleiben. Die Meditationspraxis liefert uns eine Methode, mit Gedanken und Emotionen, mit Ängsten und Zweifeln zu arbeiten, die immer wieder in unserem Geist aufsteigen, wenn sie von schwierigen äußeren Umständen ausgelöst werden. Vom Atem unterstützt lernen wir bei allen unseren Erfahrungen, präsent zu bleiben, auch bei großen Missgeschicken, die Gedanken zu kennzeichnen, sie loszulassen und ins Hier und Jetzt zurückzukehren.

Manche halten das Etikettieren für umständlich und unnötig, aber diese Praxis kann sehr tiefgründig sein. Das urteilslose Etikettieren hilft uns, unsere Gedanken als ihrer Natur nach kurzlebig, sich stets auflösend, nie greifbar, nie vorhersagbar zu erkennen. Wenn wir »Denken« sagen, deuten wir auf die leere Natur der Gedanken, auf die Transparenz der Gedanken und Emotionen.

Diese grundlegende Meditationstechnik soll uns helfen, nicht nur für unsere Gedanken und Emotionen offen und empfänglich zu bleiben, nicht nur für die äußeren Umstände und die Leute, denen wir begegnen, sondern auch für die Bodenlosigkeit selbst, für diese zugrunde liegende Energie, die so bedrohlich ist für den Aspekt von uns, der Gewissheit will. Diese Praxis lässt uns der Energie sehr nahe kommen, die uns so nervös macht und Unbehagen bereitet. Sie erlaubt uns, damit vertraut zu werden, dass wir uns an nichts festhalten können, dass wir in den nächsten Augenblick eintreten, ohne zu wissen, was passieren wird. Durch sie bekommen wir Übung im Springen. Sie öffnet uns auch den Raum, darauf aufmerksam zu werden, wie der Geist sofort versucht, uns zu amüsieren oder mit Flucht- oder Racheszenarien aufzuwarten oder was er sonst noch so alles unternimmt, um Sicherheit und Trost zu bieten.

Wenn wir weiterhin die Meditation praktizieren, werden wir die vergängliche und veränderliche Energie des Lebens nicht mehr nur als bedrohlich, sondern auch als erfrischend, befreiend und inspirierend erleben. Es handelt sich um dieselbe Energie – wir erleben sie nur auf zweierlei Art. Entweder entspannen wir uns in sie hinein, sehen sie als die wahre Natur unseres Geistes, unser bedingungsloses Gutsein, oder wir können abwehrend reagieren. Wenn Letzteres der Fall ist – wenn wir die Energie als angsteinflößend, unbequem und rastlos empfinden und unser Körper sich bewegen und unser Geist sich an etwas hängen will –, können wir uns in der grundlegenden Technik des Etikettierens und Loslassens von Gedanken üben, dann unsere Aufmerksamkeit auf den Atem zurücklenken und beim Gefühl präsent bleiben. Wir können sitzen und uns darin üben, achtsam zu sein, wach zu sein, im Hier und Jetzt zu sein, und seien es auch nur zehn Minuten am Tag. Wir können Herzenswärme und Akzeptanz praktizieren. Wir können trainieren, den Atem loszulassen, die Gedanken loszulassen und den nächsten Augenblick mit einem aufgeschlossenen Geist zu begrüßen.

Das ist die Vorbereitung, die wir für die Drei-Schritte-Praxis brauchen, vom Leben eines wachen Daseins ganz zu schweigen.

Sakyong Mipham empfiehlt, dass wir über unsere Intention hinsichtlich einer Sitzung nachdenken, wenn wir uns zum Meditieren hinsetzen. Unsere Absicht könnte die Stärkung der natürlichen Stabilität des Geistes sein, indem wir trainieren, ständig zum Körper, zur momentanen Gestimmtheit des Geistes und zu unserer Umgebung zurückzukehren. Oder unsere Absicht könnte darin bestehen, Freundschaft mit uns selbst zu schließen, beim Meditieren weniger streng und kritisch zu sein; dann trainieren wir, beim Etikettieren auf den Ton unserer Stimme zu achten, frohgemuter und beim Praktizieren weniger angespannt oder zielorientiert zu sein. Unsere Absicht könnte auch darin bestehen, loszulassen und uns nicht so fest an den Atem zu klammern, als sei er ein lebensrettendes Floß, uns nicht an unsere Gedanken zu klammern, unseren Storys keinen Glauben zu schenken. Wir könnten beabsichtigen, die aufsteigenden Gedanken wahrzunehmen und zu üben, sie loszulassen. Unsere Absicht könnte sein, uns in allem Genannten zu trainieren – oder eben in etwas völlig anderem, was uns besonders wichtig ist.

Wir können jeden Tag eine gewisse Zeit für die Meditation reservieren. Vielleicht kurze fünf oder zehn Minuten oder so lange, wie wir sie eben durchführen wollen.

Denken Sie als Erstes darüber nach, mit welcher Intention Sie die Praxissitzung durchführen. Gehen Sie dann die sechs Punkte der guten Körperhaltung durch und bringen Sie Ihren Körper zur Ruhe. Wenn Sie wollen, können Sie die Atemzüge von eins bis zehn oder von eins bis zwanzig zählen, um anschließend den Geist zur Ruhe zu bringen. Hören Sie dann auf zu zählen und richten Sie einfach Ihr Gewahrsein leicht auf den Atem. Behalten Sie beim Meditieren dieses sacht auf den Atem gerichtete Gewahrsein bei, sei es, dass es auf dem Ein- und Ausatmen oder nur auf dem Ausatmen ruht. Wenn der Geist wandert, etikettieren Sie die Gedanken sanft mit »Denken« und lenken die Aufmerksamkeit mit Freude und urteilsfrei auf den Atem zurück.

Wenn der denkende Geist sich allmählich beruhigt, werden wir mit der Zeit unsere Muster und Gewohnheiten deutlicher erkennen. Das mag vielleicht eine schmerzliche Erfahrung sein. Ich kann gar nicht eindringlich genug sagen, wie wichtig es ist, dass wir uns genau so akzeptieren, wie wir im Moment sind, und uns nicht in die Vorstellung hineinsteigern, wie wir gern wären oder sein sollten. Indem wir urteilsfreie Offenheit kultivieren gegenüber uns selbst und allem, was entsteht, werden wir zu unserer Überraschung und unserem Entzücken feststellen, dass wir diesen Aspekt der Natur des Lebens, sich niemals festnageln zu lassen, aufrichtig willkommen heißen und ihn als Freund, als Lehrer, als Unterstützung und nicht mehr als Feind wahrnehmen.

5 ~ In der Mitte bleiben

Ein gemeines Wort oder eine abschätzige Bemerkung, eine verächtliche oder missbilligende Miene, aggressive Körpersprache – das alles sind Arten, wie wir Schaden anrichten können. Das erste Versprechen lässt uns ausreichend langsam werden, um mit unseren Gefühlen sehr vertraut zu werden, wenn wir bis an unsere Grenzen gedrängt werden; sehr vertraut mit dem Drang, um sich zu schlagen oder sich zurückzuziehen, zum Rüpel zu werden oder abzustumpfen. Wir sind uns des Gefühls von Begehren sehr bewusst, des Gefühls von Abneigung, des Gefühls, unsere Meinung sagen oder etwas ausagieren zu wollen.

Nicht automatisch nach unseren gewohnten Mustern zu handeln ist nur ein erster Schritt dahin, dass wir uns und anderen keinen Schaden zufügen. Der Transformationsprozess beginnt auf einer tieferen Ebene, nämlich dann, wenn wir mit dem Wundsein in Berührung kommen, welches das Verzichten jedes Mal in uns hinterlässt. Dzigar Kongtrül lehrt die gewaltfreie Praxis des Köchelns als Methode im Umgang mit unseren aggressiven Neigungen. Statt in unserer Aggression »wie ein Stück Fleisch in der Suppe zu kochen«, sagt er, köcheln wir in ihr. Wir erlauben uns, zu warten, geduldig bei unserem Drang auszuharren, nach gewohnter Art zu sprechen oder zu handeln, und ihn in seiner ganzen Wucht zu spüren, ohne uns abzuwenden oder ihm nachzugeben. Wir unterdrücken nichts und weisen nichts zurück, wir bleiben in der Mitte zwischen den beiden Extremen, in der Mitte zwischen Ja und Nein, zwischen Richtig und Unrichtig, zwischen Wahr und Falsch. Das ist der Reiseweg zur Entwicklung einer gutherzigen und mutigen Toleranz gegenüber unserem Schmerz. Das Köcheln ist eine Methode, an innerer Stärke zu gewinnen. Es hilft uns, Selbstvertrauen zu entwickeln – darauf zu vertrauen, dass wir die nervöse Angespanntheit, die Bodenlosigkeit, die grundlegende Ungewissheit des Lebens erfahren und mit unserem Geist arbeiten können, ohne so zu handeln, dass wir uns und andere schädigen oder verletzen.

Bevor wir das erste Versprechen abgeben, müssen wir uns fragen, ob wir bereit sind, etwas anders zu machen. Haben wir unsere immer gleichen alten Wiederholungsmuster endgültig satt? Wollen wir dem Auftauchen neuer Möglichkeiten Raum geben? Die Gewohnheit des Flüchtens ist außerordentlich stark, aber sind wir auch bereit, es uns einzugestehen, wenn wir am Haken hängen? Sind wir willens, unsere Auslöser zu kennen und nicht habituell zu reagieren? Sind wir bereit, uns für die Ungewissheit zu öffnen – oder es zumindest ernsthaft zu versuchen? Wenn wir alle diese Fragen mit einem Ja beantworten können, sind wir in der Lage, diese Verpflichtung einzugehen.

Mit dem Versprechen, keinen Schaden zuzufügen, nehmen wir von Reaktionsweisen Abstand, die zur Folge haben, dass wir leiden. Wir sind dann aber noch nicht an dem Ort angelangt, an dem wir uns vollkommen entspannt und frei fühlen. Wir müssen erst noch einen Prozess des Erwachsenwerdens durchlaufen, einen Gewöhnungsprozess. Durch ihn, durch diesen Übergang, kommen wir dahin, uns genau mit dem wohlzufühlen, was wir empfinden und wie wir es empfinden. Die uns dabei unterstützende Kernpraxis ist die Achtsamkeit – das vollkommene Gegenwärtigsein im Hier und Jetzt. Die Meditation ist eine Form der Achtsamkeit, aber man kennt sie unter vielen Namen: »Aufmerksamkeit«, »Jetztheit« und »Präsenz« sind nur einige davon. Im Kern bedeutet Achtsamkeit Wachheit und Wachsamkeit – vollkommen präsente Wachheit. Chögyam Trungpa nannte es »auf alle Details deines Lebens achten«.

Die speziellen Details unserer Leben unterscheiden sich natürlich jeweils voneinander, aber bei uns allen betrifft die Wachheit und Wachsamkeit alles, vom Zubereiten der Mahlzeit bis hin dazu, wie wir miteinander sprechen, uns um unsere Kleidung, unsere Böden, unsere Gabeln und Löffel kümmern. So wie auch bei anderen Aspekten dieser Verpflichtung sind wir, wenn wir den Pullover anziehen, uns die Schuhe zubinden oder die Zähne putzen, entweder präsent, oder wir sind es nicht. Wir sind entweder wach, oder wir schlafen, sind bewusst oder abgelenkt. Der Gegensatz ist ziemlich offensichtlich. Chögyam Trungpa hob die Achtsamkeit und das Achten auf die Details unseres Lebens als Methode hervor, Wertschätzung für uns selbst und unsere Welt zu entwickeln und uns vom Leiden zu befreien.

Innere Stärke bauen wir dadurch auf, dass wir unsere

Erfahrungen in ihrer Gesamtheit annehmen, die angenehmen wie auch die schwierigen Teile. Eine der Definitionen von Liebe und Güte uns selbst gegenüber besteht im Annehmen unserer Erfahrungen in ihrer Totalität. Liebe und Güte uns selbst gegenüber bedeuten nicht sicherzustellen, dass wir uns fortwährend gut fühlen – den Versuch machen, unser Leben so komfortabel einzurichten, dass wir uns in jedem Augenblick wohlfühlen. Sie bedeuten vielmehr, dass wir unser Leben so gestalten, dass wir Zeit für Meditation und Selbstbesinnung haben, für gutherzige, mitfühlende Ehrlichkeit uns selbst gegenüber. So sind wir zunehmend darauf eingestellt zu sehen, wann wir den Köder am Haken schlucken, wann wir uns in der Unterströmung der Emotionen verfangen, wann wir nach etwas greifen und wann wir loslassen. So werden wir uns selbst, wie wir mit allen Mängeln sind, zum guten Freund. Es gibt keinen wichtigeren Schritt.

Es ist eine knifflige Angelegenheit – irgendeinen Teil von uns selbst nicht abzulehnen und uns gleichzeitig sehr bewusst zu sein, wie peinlich oder schmerzhaft dieser Teil ist. Die meisten haben sich in ihrem Leben so eingerichtet, dass sie unangenehme Gefühle vermeiden und sich an das klammern, was sie sich ihrer Ansicht nach gut und sicher fühlen lässt. Aus konventioneller Sicht ist das absolut sinnvoll. Aber unter dem Standpunkt betrachtet, dass wir bei unserer unmittelbaren Erfahrung bleiben, dass wir uns für das Provisorium des Lebens öffnen wollen, ist dies eine aussichtslose Strategie und genau das, was uns feststecken lässt.

Es gibt eine Übung, die uns beim Nachdenken über diese automatische geistlose Tendenz helfen kann, diese

Tendenz, uns an das zu klammern, was uns ein gutes Gefühl verschafft, und wegzuschieben, was uns ein schlechtes Gefühl macht:

> Sitzen Sie ein paar Minuten still und achten Sie darauf, wie Ihr Atem ein- und ausströmt. Denken Sie dann darüber nach, was Sie tun, wenn Sie unglücklich oder unzufrieden sind und sich besser fühlen wollen. Erstellen Sie sogar eine Liste, wenn Sie möchten. Fragen Sie sich dann: Funktioniert es? Hat es jemals funktioniert? Lindert es den Schmerz? Steigert es den Schmerz? Wenn Sie wirklich ehrlich sind, werden Sie mit ein paar ziemlich interessanten Beobachtungen aufwarten.

Eine der Einsichten, zu denen viele bei dieser Übung gelangen, ist die: Ja, die Versuche, mich gut fühlen zu lassen, *funktionieren* – aber nicht sehr lange. Und der Grund, warum sie nicht mehr funktionieren, ist der, dass unsere Strategien einen inhärenten Widerspruch in sich enthalten. Wir versuchen in der Welt an flüchtigen Vergnügungen festzuhalten und Unbehagen zu vermeiden, in der sich alles fortwährend ändert. Unsere Strategien sind nicht verlässlich. Die Art und Weise, in der wir versuchen, uns glücklich und sicher zu fühlen, steht im Widerspruch zu den Tatsachen des Lebens.

Eine buddhistische Lehre über die sogenannten acht weltlichen Interessen beschreibt diese missliche Lage. Sie zeigt die Hauptbeschäftigungen in unserem Leben auf – das, was uns antreibt, was wir erhoffen, was wir fürchten. Sie legt dar, wie wir ständig versuchen, der unserer Verfasstheit inhärenten Ungewissheit auszuweichen, wie wir ständig versuchen, festen Boden unter den Füßen zu haben. Die acht weltlichen Interessen werden in Form von vier Gegensatzpaaren dargestellt: Lust und Schmerz, Gewinn und Verlust, Ruhm und Schande, Lob und Tadel.

Lust und Schmerz treiben uns allzeit an. Es ist ganz einfach: Wir wollen Lust; wir wollen keinen Schmerz. Unsere Anhaftung daran ist äußerst stark, an beiden Polen emotional tiefsitzend. Es kann dieses Gefühl, im Innersten »gepackt« zu sein, in uns aufkommen, dieses Gefühl, am Haken zu hängen, sowohl wenn wir etwas begehren – wenn uns das Verlangen oder Bedürfnis nach etwas verzehrt –, als auch wenn wir gegen etwas sind und versuchen, es wegzudrängen.

Wir können ein ganzes Leben damit zubringen, dem Vergnügen nachzujagen, versuchen, dem Schmerz zu entkommen, und nie präsent zu sein für das darunterliegende Gefühl von Unzufriedenheit. Aber an irgendeinem Punkt kann uns dämmern, dass an der Befreiung mehr dran ist als nur der Versuch, dem Unbehagen aus dem Weg zu gehen; dass mehr dran ist am dauerhaften Glück als nur die Jagd nach zeitweiligen Vergnügungen und flüchtiger Erleichterung.

Unsere Anhaftung an das Gegensatzpaar Gewinn und Verlust hält uns im erbarmungslosen Konkurrenzkampf gefangen. Daher richten wir das Licht der Achtsamkeit auf unser *shenpa* von »was wir haben oder wollen« und unser gleichermaßen starkes *shenpa* von »was wir nicht haben oder aber verlieren könnten«. So beschäftigt zum Beispiel in allen Ländern der Welt das Geld, das wir haben, und das Geld, das wir nicht haben, Reiche und Arme – und fast alle dazwischen – gleichermaßen.

Kürzlich begegnete ich einer Frau, die seinerzeit ganz

unerwartet fünfhunderttausend Dollar geerbt hatte. Sie war verständlicherweise in Ekstase gewesen. Sie hatte das Geld investiert und beglückt beobachtet, wie es sich vermehrte, bis der Aktienmarkt zusammenbrach und sie alles ebenso plötzlich verlor, wie sie es gewonnen hatte. Nach zwei Monaten Depression (sie sagte, sie sei fast katatonisch gewesen und konnte weder essen noch schlafen) hatte sie eine Offenbarung. Ihr dämmerte, dass es ihr ja die ganze Zeit über finanziell einigermaßen gut gegangen war. Es war ihr gut gegangen, bevor sie das große Los gezogen hatte, und es ging ihr auch jetzt gut, wo sie ihr unvermutet erhaltenes Vermögen verloren hatte. Es war diese Entdeckung des grundlegenden In-Ordnung-Seins, unberührt von Gewinn und Verlust, von der sie mir überglücklich berichtete.

Gewinn und Verlust kann sich auch auf die Besitztümer beziehen, die wir haben oder nicht haben, und auf den Trieb, Dinge zu erwerben, sowie auf die Stellung, die wir im Leben einnehmen oder nicht einnehmen. Der Wettbewerb – oftmals ein mörderischer Konkurrenzkampf – macht sich in unserer Gesellschaft schmerzhaft bemerkbar. Wir sehen ihn in der Politik, im Sport, im Geschäftsleben, sogar auch bei Freundschaften. Und wir nehmen auch die schmerzhaften Konsequenzen wahr.

In Gampo Abbey versuchen wir es mit einer anderen Herangehensweise. An jedem 1. Juli – dem Nationalfeiertag Kanadas – gibt es ein Baseballspiel mit der örtlichen Feuerwehr, dem Pleasant Bay Fire Department. Davor trainieren wir monatelang, und alle sind mit ganzem Herzen dabei – die Feuerwehrleute mit ihrem Bier, wir in unseren Roben –, aber keine der beiden Parteien schert sich wirklich darum, ob sie gewinnt oder verliert. Wir haben alle einfach großen Spaß ohne das Leiden, das unvermeidlich ist, wenn wir in Gewinn oder Verlust verstrickt sind.

Ruhm und Schande bedeuten definitiv Fallstricke für uns. Nicht viele Menschen sind in der Position, berühmt werden zu können, aber dieses Gegensatzpaar kann auch so verstanden werden, dass wir einen guten Ruf haben wollen – wollen, dass die Leute gut von uns denken – und nicht in einem schlechten Ruf stehen möchten. Bei den meisten geht dieses Gefühl sehr tief. Bei manchen soll alles, was sie tun und sagen, sicherstellen, dass man gut von ihnen denkt, dass sie bewundert und nicht verachtet werden.

Shantideva sagt, dass Ansehen und guter Ruf so wacklig sind wie die Sandburg eines Kindes. Wir bauen sie auf, verzieren sie schön und sind sehr stolz darauf, aber dann kommt die Flut und spült alles weg. So ergeht es auch dem guten Ruf eines Politikers oder spirituellen Lehrers, der wegen sexuellen Fehlverhaltens über Nacht dahin ist.

Und wird der Ruhm tatsächlich erlangt, bringt er denn dann das Glück, das sich die Leute davon erwarten? Denken Sie daran, wie häufig jemand reich und berühmt, aber unglücklich ist, Fälle wie etwa Michael Jackson, Marilyn Monroe und Elvis. Was, wenn wir uns im Gegensatz dazu darin übten, in der Mitte zu bleiben – in diesem nicht greifenden offenen Raum zwischen dem Streben nach dem, was bequem und angenehm ist, und dem Meiden dessen, was unbequem und unangenehm ist?

Und schauen wir uns schlussendlich unsere Anhaftung an Lob und Tadel an. Wir möchten Komplimente erhalten und nicht kritisiert werden. Manche Leute blühen auf, wenn sie zu Ansehen kommen, weil sie ihre Sache gut gemacht haben, brechen aber zusammen, wenn man sie kritisiert, selbst wenn es sich um konstruktive Kritik handelt. Komplimente können die Laune bei Kindern, Teenagern und, ja, auch den reifsten Erwachsenen heben und sie niedergeschlagen werden lassen, wenn sie Kritik einstecken müssen. Die Winde von Lob und Tadel wehen uns so leicht mal hierhin und mal dorthin:

> *Das war zu allen Zeiten so. Sie üben Kritik an denen, die schweigen. Sie üben Kritik an denen, die reden. Sie üben Kritik an denen, die gemäßigt sind. Der Kritik entgeht niemand auf der Welt. Es gab keinen und wird nie einen geben, und es gibt auch derzeit keinen, der gänzlich kritisiert oder gänzlich gebilligt wird.*

Das hat Buddha Shakyamuni vor über 2500 Jahren gesagt, manches scheint sich nie zu ändern.

Auf die eine oder andere Weise hängen wir alle am Haken unserer Anhaftung an die acht weltlichen Interessen. Dzigar Kongtrül sagte einmal, es sei, als hätten wir eine gespaltene Persönlichkeit: Wir meinen, wir hätten uns einem spirituellen Weg verpflichtet, sind aber traurigerweise den acht weltlichen Interessen gleichermaßen verpflichtet, dem Akzeptieren dessen, was bequem und angenehm ist, und dem Abweisen all dessen, was das nicht ist. Auf diese Weise kommen wir nirgends schnell hin. Ohne diese gespaltene Persönlichkeit widmen wir uns jedoch der Verpflichtung zum Erwachen aus ganzem Herzen. Wir hören auf, uns von den acht weltlichen Interessen blenden zu lassen, und bleiben beim unterliegenden Unbehagen präsent.

Wenn wir uns zum Arbeiten mit dem Versprechen entschließen, keinen Schaden zuzufügen, müssen wir untersuchen, in welchem Maße wir uns von den acht weltlichen Interessen verführen lassen. Sind wir bereit, einiges auf uns zu nehmen, um uns von der Tyrannei von Lust und Schmerz zu befreien, davon, was die Leute über uns denken, davon, ob wir gewinnen oder verlieren, ob wir einen guten oder schlechten Ruf haben? Es spielt keine Rolle, wie weit wir mit unserer Selbstbefreiung kommen, bevor wir sterben. Wichtig ist, dass wir die Reise antreten.

Nachdem bei ihm Krebs diagnostiziert worden war, sagte das visionäre Genie Steve Jobs über das Freisein von den acht weltlichen Interessen:

> *Mir zu vergegenwärtigen, dass ich bald tot sein werde, ist das wichtigste Werkzeug, das mir je begegnete, um mir zu helfen, die großen Entscheidungen in meinem Leben zu treffen. Weil fast alles – alle äußeren Erwartungen, aller Stolz, alle Angst vor Peinlichkeit oder Versagen –, alle diese Dinge im Angesicht des Todes abfallen und nur das übrig bleibt, was wirklich wichtig ist. Sich zu vergegenwärtigen, dass du sterben wirst, ist die beste mir bekannte Methode, die Denkfalle zu vermeiden, dass du irgendetwas zu verlieren hast. Du bist schon nackt. Es gibt keinen Grund, nicht deinem Herzen zu folgen.*

Das erste Versprechen ist das Versprechen, unsere Auslöser zu kennen, das Versprechen, dass wir es uns unter allen Umständen mitfühlend eingestehen, wenn wir am Haken der acht weltlichen Interessen – oder an irgendeinem anderen Haken – hängen. Schauen wir uns an, was uns in den Fängen hat, so wird es zweifellos mit dem zu tun haben, was wir wollen oder nicht wollen. Sobald wir erkennen, dass wir gefangen sind, können wir auf der Stelle in aller Güte uns selbst gegenüber zugeben, dass wir am Haken hängen. Und dann können wir uns fragen: Welche von den acht weltlichen Interessen hat mich in ihrem Griff? Angst vor Verlust? Hoffnung auf Gewinn? Der Schmerz, die Schuld zugeschoben zu bekommen? Der Wunsch, gelobt zu werden? Und wer hat hier die Oberherrschaft – ich oder die acht weltlichen Interessen?

Wenn wir in unseren Gedanken verfangen sind – in der Besorgnis, Planung und Fantasiererei –, können wir uns aber das Geschehen noch nicht einmal eingestehen. Deshalb üben wir uns weiterhin in Meditation, darin, dass wir es bemerken, wenn wir uns in Gedanken verlieren, um dann wieder zum Augenblick zurückzukehren.

Vor ein paar Jahren machte ich eine Erfahrung mit der Befreiung von der Tyrannei der acht weltlichen Interessen. Zu jener Zeit lebte ich mit neun anderen Personen in einem Retreatzentrum, in dem wir jeden Nachmittag zu ein paar gemeinsamen Arbeitsstunden zusammenkamen. Für mich war das immer eine schmerzliche Zeit, weil es fast nichts gab, was ich tun konnte. Wegen meiner Rückenbeschwerden konnte ich kein Wasser schleppen. Wegen meiner Allergien konnte ich keine Veranda streichen. In dieser Situation war ich im Grunde nutzlos, was die Leiterin der Arbeitsgruppe sehr ärgerlich machte. Ich fühlte mich alt und gebrechlich, inkompetent und nicht gemocht. Ich fühlte mich wirklich elend.

Das führte mich zu tiefer Kontemplation: Wenn ich nicht die hochgeachtete, versierte spirituelle Lehrerin war, die zu sein ich inzwischen gewohnt war, wer war ich dann? Wer war ich ohne die Bestätigung von außen, ohne die Etikettierungen? Ich sprach mit Dzigar Kongtrül über meine Sorge, und er fragte: »Ist es nicht eine große Erleichterung?« Ich musste ehrlicherweise erwidern: »Bis jetzt noch nicht.«

Dann wurden ein paar von uns zur Teilnahme an einigen spirituellen Belehrungen in der Stadt eingeladen. Sobald wir dort ankamen, wurde ich als besondere Person behandelt. Ich hatte einen eigenen erhöhten Sitz, ein spezielles Glas Wasser, einen besonderen Platz in der ersten Reihe.

Als ich den dramatischen Unterschied in der Art und Weise sah, wie man mich wahrnahm, wurde in mir eine tiefe Anhaftung an Ruhm und Schande, an Verlust und Gewinn, an Hoffnung und Angst in Hinblick auf meine Identität gekappt. Oben auf dem Berg, im Retreatzentrum, war ich ein Niemand. Hier unten bei der Belehrung war ich ein besonderer, des Respekts würdiger Gast. Aber das waren einfach nur sich wandelnde, unklare Etiketten. Im Grunde konnte ich niemals auf etwas festgelegt, nie definitiv abgestempelt werden. In diesem Augenblick verspürte ich wirklich die Erleichterung, nach der mich Dzigar Kongtrül gefragt hatte.

Im Grunde genommen sind die acht weltlichen Interessen einfach nur ein überholter Überlebensmechanismus. So gesehen funktionieren wir noch auf einer sehr primitiven Ebene, Hoffnung und Furcht auf Gedeih und Verderb ausgeliefert. Unser Mechanismus, Schmerz zu vermeiden und nach Lust zu streben, bewahrte uns davor, gefressen zu werden, ließ uns im Winter nicht erfrieren und herausfinden, wie wir an Nahrung kommen und uns bekleiden konnten. Das funktionierte gut für unsere Vorfahren, funktioniert aber jetzt für uns nicht besonders gut. Tatsache ist, dass wir ständig überreagieren, auch wenn es sich nicht gerade um eine Sache auf Leben und Tod handelt. Selbst wenn es vielleicht nur um eine verzögerte Lieferung geht, benehmen wir uns so, als sei unsere Existenz bedroht. Pingpongbällen gleich werden wir von unseren Abneigungen und Wünschen hin und her geschleudert und sind längst reif für eine neue Alternative.

Die Ältesten der Hopi-Nation gaben im Jahr 2000 eine Vorhersage für die Zukunft ab und boten Ratschlag an für das Leben im kommenden Jahrtausend. Die Ältesten der Hopis gelten als die Beschützer der Erde, die für das Überleben unseres Planeten (oder sein Nichtüberleben) verantwortlich sind. Sie sagten, wir befänden uns jetzt in einem rasch dahinströmenden Fluss, und viele fürchteten sich und würden versuchen, sich ans Ufer zu klammern. Aber die, die sich ans Ufer klammern, so sagten sie, »werden ungeheuer leiden«. Der Rat der Ältesten lautet, sich vom Ufer zu lösen, sich in die Mitte des Flusses zu begeben und zu sehen, wer sich dort zusammen mit uns befindet – »und zu feiern«.

Verzichten, aber nicht unterdrücken, über unsere persönliche Erfahrung des Gefangenseins nachdenken, unsere Auslöser erkennen und uns eingestehen, die gewaltfreie Praxis des Köchelns – alles das sind Methoden, sich vom Ufer zu lösen und in die Mitte des Flusses zu bewegen. Alles das sind Methoden, frei von unseren Storys zu leben, frei von lähmenden Anhaftungen an das, was wir wollen und nicht wollen, frei von einem starren Geist und Egozentrik. Wenn wir nicht in Reaktion auf unser Verlangen nach Lust und Vergnügen oder unserer Angst vor Schmerz handeln, finden wir uns in der weit offenen, nicht vorhersagbaren Mitte. Die Anweisung lautet, an diesem verletzlichen Ort, in diesem Zwischenzustand zu ruhen, nicht dazuhocken und starr in unseren Glaubenssystemen zu verharren, sondern mit einer umfassenderen Perspektive neu zu sehen.

In Wahrheit befinden wir uns immer in einer Art Zwischenzustand, stets in einem Prozess. Wir kommen nie ganz an. Wenn wir für die dynamische Beschaffenheit unseres Lebens präsent sind, sind wir auch für die Vergänglichkeit, die Ungewissheit und die Veränderung präsent. Wenn wir gegenwärtig bleiben können, begreifen wir vielleicht endlich, dass in den Objekten unseres Vergnügens oder denen unseres Schmerzes keine Sicherheit oder Gewissheit zu finden ist, keine Sicherheit oder Gewissheit im Gewinnen oder Verlieren, in den Komplimenten oder in der Kritik, im guten oder schlechten Ruf – dass sich in nichts, was flüchtiger Natur, was der Veränderung unterworfen ist, Sicherheit oder Gewissheit finden lässt.

Das Versprechen, keinen Schaden zuzufügen, ist sehr eindeutig. Man kann es nur brechen, wenn man aus einem verwirrten Geist heraus spricht oder handelt. Die Einfachheit und Klarheit dieses Versprechens helfen uns, eine unerschütterliche Grundlage innerer Stärke aufzubauen. Sie manifestiert sich als Mut, eine Chance zu ergreifen, als Mut, nicht auf die gleiche alte Art und Weise zu handeln. Sie baut das Vertrauen in unsere Fähigkeit auf, Entsagung oder Verzicht auf tiefster Ebene zu kultivieren, und in unsere Fähigkeit, *shenpa*, wenn es aufkommt, zu erkennen und sich klarzumachen, dass wir uns wieder einmal in den acht weltlichen Interessen verfangen haben. Es baut das Vertrauen in unsere Fähigkeit auf, ohne Spielplan zu leben, unbeeinträchtigt von Hoffnung und Angst. Wenn Menschen diese Verpflichtung eingehen, fangen sie an, sich zu verändern. Es könnte sein, dass Sie ihnen ein oder zwei Jahre später begegnen und feststellen, dass etwas in ihnen weicher geworden ist. Sie scheinen in sich und in der Welt mehr zu Hause, flexibler und auskömmlicher zu sein.

Wenn Sie Glück haben, werden Sie an irgendeinem Punkt gegen eine Wand der Wahrheit prallen und sich fragen, was Sie mit Ihrem Leben angefangen haben. An diesem Punkt werden Sie stark motiviert sein herauszufinden, was Sie befreit und Ihnen hilft, freundlicher und liebevoller, weniger verwirrt und von *kleshas,* Geistesgiften, getrieben zu sein. An diesem Punkt werden Sie wirklich präsent sein wollen – präsent, während Sie durch eine Tür gehen, einen Schritt machen, Ihre Hände waschen oder sich dem Abwasch widmen, präsent, während ein Auslöser in Ihnen aktiviert wird, präsent beim Köcheln, präsent für die Ebbe und Flut Ihrer Emotionen und Gedanken. Sie werden tagein, tagaus feststellen, dass Sie es schneller merken, wenn Sie am Haken hängen, und das Verzichten wird Ihnen leichter fallen. Wenn Sie weiterhin so vorgehen, findet eine Art Häutung statt – ein Abstreifen alter Gewohnheiten, ein Abstreifen dessen, dass Sie von Lust und Schmerz umgetrieben werden, ein Abstreifen der Geiselhaft durch die acht weltlichen Interessen.

Das Erwachen ist kein Prozess, bei dem wir uns aufbauen, es ist vielmehr ein Prozess des Loslassens. Es ist ein Prozess des Entspannens in der Mitte – der paradoxen, vieldeutigen Mitte, voller Potenzial, voller neuer Denk- und Sehmöglichkeiten, bei der es hinsichtlich dessen, was als Nächstes passiert, absolut keine »Geld-zurück-Garantie« gibt.

Das 2. Versprechen

Das Versprechen, füreinander Sorge zu tragen

Das Versprechen, anderen zu helfen, bedeutet, dass wir uns öffnen für die Welt, in der wir leben, statt an unserem eigenen, ganz persönlichen Territorium festzuhalten und es mit Zähnen und Klauen zu verteidigen. Es bedeutet, dass wir bereit sind, größere Verantwortung, eine ungeheure Verantwortung zu übernehmen. Tatsächlich bedeutet es, ein großes Risiko einzugehen und eine große Gelegenheit wahrzunehmen.

CHÖGYAM TRUNGPA RINPOCHE

6 ~ Außerhalb unserer Komfortzone

Mitgefühl ist für unser Ego etwas Bedrohliches. Wir sehen es vielleicht als etwas Warmes und Beruhigendes an, tatsächlich aber hat es etwas sehr Rohes an sich. Wenn wir uns daranmachen, andere Wesen zu unterstützen, wenn wir so weit gehen, uns in ihre Situation hineinzuversetzen, wenn wir bestrebt sind, uns nie vor irgendjemandem zu verschließen, dann finden wir uns sehr rasch auf dem unbequemen Territorium wieder, das »Leben nicht zu meinen Bedingungen« genannt werden kann. Das zweite Versprechen, traditionellerweise als Bodhisattva- oder Krieger-Gelübde bekannt, stellt uns vor die Herausforderung, in diese ungemütlichen Gewässer einzutauchen und über unsere Komfortzone hinauszuschwimmen.

Unsere Bereitschaft, das erste Versprechen abzugeben, ist unser anfänglicher Schritt hin zum völlig entspannten Umgang mit Ungewissheit und Veränderung. Die Versprechen besteht darin, auf ein Reden und Handeln zu verzichten, das für uns und andere schädlich wäre, und uns dann mit den darunterliegenden Gefühlen anzufreunden, die uns überhaupt erst dazu motivieren, schaden zu wollen. Das zweite Versprechen baut auf diesem Fundament auf: Wir geloben, uns bewusst in den Schmerz der Welt hineinzubegeben, um ihn lindern zu helfen. In seinem Kern ist es das Versprechen, sich einander anzunehmen, sich umeinander zu kümmern, selbst wenn das bedeutet, dass uns das damit einhergehende Gefühl nicht behagt.

Das zweite Versprechen ist zutiefst und unerschütterlich mit *bodhicitta* verbunden, das traditionellerweise definiert wird als »Sehnsucht zu erwachen«, sodass wir anderen helfen können, das Gleiche zu tun – eine Sehnsucht, über die Grenzen konventionellen Glücklichseins hinauszugehen, über das sklavische Haften an Erfolg und Misserfolg, Lob und Tadel. *Bodhicitta* meint auch das Vertrauen in unsere angeborene Fähigkeit, über Voreingenommenheit, über Vorurteile und starr festgelegte Meinungen hinauszugehen und unser Herz für jedermann zu öffnen: Für die, die wir mögen, die wir nicht mögen, die wir nicht einmal bemerken, und die, denen wir vielleicht nie begegnen. *Bodhicitta* wirkt unserer Tendenz entgegen, im sehr engstirnigen Denken stecken zu bleiben. Es wirkt unserem Widerstand gegen Wandel und Veränderung entgegen.

Dieses Maß an Offenheit entsteht aus dem Vertrauen darauf, dass wir alle grundlegend gut sind und in einer Art und Weise miteinander umgehen können, die dieses »Gutsein« hervortreten lässt. Statt aggressiv zu reagieren und den Kreislauf des Schmerzes ewig fortzusetzen, wenn wir provoziert werden, vertrauen wir darauf, dass wir uns von einem Ort der Neugierde und Anteilnahme ausgehend auf andere einlassen und so mit ihrer angeborenen Anständigkeit und Weisheit in Kontakt kommen können.

Eine meiner Freundinnen, die in einem Kaufhaus arbeitet, beschloss vor ein paar Jahren, ihren Glauben zu testen, dass jedermann im Grunde gut sei. Sie wollte sehen, ob sie jemanden fand, der ihrem Gefühl nach kein solcher Kandidat wäre. Sicher, jeden Tag begegnete sie freundlichen Menschen, aber auch jeder Menge von ungehobelten, arroganten, manipulativen und entschieden übelgesinnten Leuten. In jedem dieser Fälle experimentierte sie jedoch mit Möglichkeiten, hinter deren Fassade zu gelangen, hinter deren Abwehrmechanismen, und mit ihrem Gefühl für das Gute, ihrem Humor und ihrer Freundlichkeit in Kontakt zu kommen. Als wir das letzte Mal miteinander sprachen, hatte sie noch niemanden getroffen, dem es ihrem Gefühl nach an grundlegender Güte mangelte, und sie arbeitet seit fünfzehn Jahren an dieser Sache.

Mit dem ersten Versprechen bauen wir allmählich Vertrauen in unsere Fähigkeit auf, die rohe, nervöse, nicht vorhersagbare Energie des Lebens zu akzeptieren. Mit dem zweiten Versprechen tun wir einen Schritt weiter hinein in die Bodenlosigkeit als Quelle des Erwachens – statt als Quelle des Schreckens, als Pfad hin zur Furchtlosigkeit statt als Bedrohung unseres Überlebens. Wenn wir uns nicht schon im entspannten Umgang mit dem grundlegenden Unbehagen geschult haben, kann das zweite Versprechen Angst und Schrecken in uns auslösen, weil wir uns nun tiefer in dieses offene ungewisse undefinierte Territorium hineinbewegen, anderen von Nutzen zu sein.

Sich darauf zu verpflichten, anderen von Nutzen zu sein, wird traditionellerweise als der »Pfad des Bodhisattva« bezeichnet, der Pfad des Helden und der Heldin, der Pfad des spirituellen Kriegers, dessen Waffen

Sanftheit und Behutsamkeit, Geistesklarheit und ein offenes Herz sind. *Pawo* (das tibetische Wort für den »Krieger«) oder *pawmo* (die »Kriegerin«) bedeuten »der oder die Tapferkeit kultiviert«. Als im Training befindliche Krieger oder Kriegerinnen kultivieren wir den Mut und die Flexibilität, mit der Ungewissheit zu leben – mit dem zittrigen, empfindlichen Gefühl der Angst, sich an nichts festhalten zu können – und unser Leben der Aufgabe zu widmen, dass wir uns für jede Person in jeder Situation verfügbar machen.

Das Versprechen, sich einander anzunehmen, wird oft als ein Gelübde beschrieben, in dem wir alle fühlenden Wesen einladen, unser Gast zu sein. Eine Aussicht, die uns entmutigen könnte. Das bedeutet, dass jedermann zu uns ins Haus kommt. Es bedeutet, dass wir jedem unsere Tür öffnen, nicht nur den Leuten, die wir mögen, die gut riechen oder die wir als »anständig« betrachten, sondern auch den Gewalttätigen und Verwirrten – Leuten in allen Gestalten, Größen und Hautfarben, Leuten, die andere Sprachen sprechen, Leuten, die andere Ansichten haben. Das zweite Versprechen abzugeben bedeutet, eine bunt gemischte Party in unserem Wohnzimmer abzuhalten, den ganzen Tag, jeden Tag bis ans Ende aller Zeiten.

Anfänglich finden sich die meisten Menschen nicht bereit, sich alldem zu verpflichten – sie sind keinesfalls bereit, rückhaltlos in so viel Bodenlosigkeit zu springen. Aber wenn wir das Verlangen haben, Leiden zu lindern, was können wir tun? Zum einen können wir jedermann einladen und allen die Tür öffnen, zunächst jedoch nur kurz. Wir halten sie nur so lange offen, wie wir gegenwärtig dazu imstande sind, und geben uns die

Erlaubnis, sie wieder zu schließen, wenn uns unwohl wird. Doch unser Bestreben geht dahin, die Tür immer wieder zu öffnen und das nächste Mal jeweils ein paar Sekunden länger offen zu halten.

Wenn wir in dieser Weise praktizieren, kann das zu überraschenden Resultaten führen. Indem wir die Tür nach und nach öffnen und nicht versuchen, sie mit einem Mal ganz aufzureißen, gewöhnen wir uns an das zittrige Gefühl, das uns überkommt, wenn Leute, mit denen wir nicht wirklich umgehen können, auf unserer Party aufzutauchen beginnen. Statt zu meinen: »Ich muss die Tür ganz aufmachen« oder »Ich mache es nicht richtig«, beginnen wir mit der starken Intention, die Tür Stückchen um Stückchen immer weiter zu öffnen. Dabei zapfen wir ein Reservoir an innerer Stärke und Mut an, von dem wir gar nicht wussten, dass wir es haben.

Im Öffnen der Tür spiegelt sich unsere Absicht wider, unseren Panzer abzustreifen, unsere Maske abzulegen, unserer Angst entgegenzutreten. Wir können anderen nur in dem Maße wirklich helfen, wie wir bereit sind, zu unseren Gefühlen zu stehen. Wir gehen also die Verpflichtung ein, dass wir uns für den Rest unseres Lebens darin schulen, uns zu befreien von der Tyrannei unseres automatischen Reagierens, unserer persönlichen Überlebensmechanismen, unserer Neigung, am Haken zu hängen.

Es ist nicht so, dass wir diese Gefühle dann nie wieder haben werden. Das grundlegende Unbehagen wird immer wieder aufkommen, aber dann werden wir nicht mehr überreagieren, werden es nicht unser Leben beherrschen lassen. Ich befragte einmal Dzigar Kongtrül dazu, und er sagte: »Ja, ich habe immer noch diese Gefühle, aber sie nehmen mich nicht gefangen.« Es scheint, dass er sich nicht mehr vor der Angst fürchtet.

Diese kruden Gefühle können uns sogar zum Handeln inspirieren. Als ein Interviewer den Dalai-Lama einmal fragte, ob er irgendetwas bedaure, sagte dieser, ja, schon: Er fühle sich für den Tod eines älteren Mönchs verantwortlich, der zu ihm gekommen war, um sich Rat zu holen. Als der Interviewer fragte, wie Seine Heiligkeit mit jenem Gefühl des Bedauerns umging, wie er es loswurde, antwortete er: »Ich bin es nicht losgeworden. Es ist immer noch da.« Aber es zieht ihn nicht mehr herunter. Es hat ihn motiviert, auf jede ihm mögliche Weise zum Nutzen der Leute zu arbeiten.

Das Versprechen, sich einander anzunehmen, ist ein Versprechen zu erwachen, sodass wir anderen Wesen helfen können zu erwachen. Ein Versprechen zu erwachen, sodass wir das Leid auf der Welt lindern können. Ein Versprechen, mit dieser Reise fortzufahren, solange sie dauern mag, selbst wenn das bis in alle Ewigkeit bedeutet. Shantideva fängt die Essenz dieses Gelöbnisses in einem Vers ein, der der Lieblingsvers des Dalai-Lama sein soll:

So lange, wie der Raum besteht,
und so lange, wie Lebewesen existieren,
möge es auch mich geben,
um die Leiden der Wesen zu beenden.

Angesichts der schieren Größe dieses Versprechens ist seine Einhaltung sozusagen eine *mission impossible*. Wir können es allein schon brechen, indem wir unser Herz oder unseren Geist nur ein paar Sekunden lang vor jemandem verschließen. Ich kenne niemanden, der das ganz vermeiden konnte, und dennoch versprechen wir, uns dahin zu entwickeln, dass wir die Tür für jedermann offen halten. Ebenso brechen wir das Versprechen, wenn wir uns selbst verunglimpfen – glauben, dass unsere Fehler und Mängel angeboren sind und sich unmöglich beseitigen lassen; und wenn wir uns selbst Botschaften zukommen lassen wie »Ich bin ein hoffnungsloser Fall; ich werde es nie kapieren«. Wir brechen es auch, wenn wir andere verunglimpfen, ihre Kultur, Sitten, Traditionen oder Glaubensvorstellungen kritisieren. Jedwede Art von Vorurteilen oder Bigotterie bedeuten einen Bruch des Versprechens.

Wenn wir das erste Versprechen brechen, wenn wir auf der Ebene des Redens oder Handelns Schaden zufügen, ist das eine sehr klare Sache. Wenn wir zum Beispiel töten, lügen oder stehlen, haben wir das Versprechen zweifellos gebrochen. Was aber das Versprechen angeht, füreinander Sorge zu tragen, so ist sein Bruch keine so eindeutige Angelegenheit. Es gibt eine traditionelle buddhistische Geschichte, die diesen Punkt anschaulich macht. Ein Kapitän zur See, bekannt als Kapitän Courage, lenkte ein Schiff, auf dem sich fünfhundert Menschen befanden, als ein Pirat das Schiff enterte und alle umzubringen drohte. Dem Kapitän war klar, dass der Pirat, wenn dieser seinen Plan durchführen würde, nicht nur alle Passagiere umbringen, sondern auch die Saat für sein eigenes heftiges Leiden säen würde. Daher tötete der Kapitän den Piraten aus Mitgefühl für ihn und auch, um die fünfhundert Menschen zu retten. Er tötete einen, um viele zu retten. Um das Leiden anderer zu verhindern, war er bereit, die Konsequenzen seines Handelns auf sich zu nehmen, worin immer diese bestehen mochten. Aus diesem Grund verlangt das zweite Versprechen Tapferkeit – die Tapferkeit, das zu tun, was unserer Ansicht nach den größten Nutzen bringt; die Tapferkeit, sich der Tatsache zu stellen, dass wir nie mit Sicherheit wissen werden, was wirklich Nutzen bringt und was die Sache tatsächlich nur noch schlimmer macht.

Natürlich werden die wenigsten in eine Lage geraten wie Kapitän Courage, aber wir können uns leicht in ähnlichen, weniger prekären Situationen wiederfinden, in denen wir unser zweifelhaftes Verhalten mit vollkommen plausiblen Rechtfertigungen zu rationalisieren bestrebt sind. Die Ebenen der Selbsttäuschung, die wir erreichen können, sind erstaunlich. Doch hier bieten die Versprechen große Unterstützung. Sie helfen uns dabei, unseren Geisteszustand wahrzunehmen und uns vor dem Abgleiten zu bewahren.

Wir steigen nicht von einem Versprechen zum nächsten auf. Das Versprechen, keinen Schaden zuzufügen, bleibt an seinem Ort und Fundament für das Versprechen, sich umeinander zu kümmern. Das Training, nicht so zu handeln oder zu sprechen, dass das Leiden eskaliert, das Training, unsere Auslöser wahrzunehmen und für unser Unbehagen präsent zu bleiben, ist wesentlich, wenn wir weiterkommen möchten. Das Versprechen, keinen Schaden zuzufügen, hilft uns, unsere Selbsttäuschung zu durchdringen und Freundschaft mit uns selbst zu schließen; eine Freundschaft, die sich vertieft, wenn wir sehr genau auf uns zu schauen und die Gewohnheiten abzulegen beginnen, die uns fortwährend Leiden schaffen. Die Verpflichtung zum Krieger beruht auf der Grundlage von Ehrlichkeit sich selbst gegenüber. Wenn wir an unsere Grenzen stoßen, wenn das Leben unsere gewohnten Reaktionsmuster auslöst, dann üben wir uns darin, sie aufzufangen in dem Wissen, dass wir nicht angemessen reagieren und andere unterstützen können, wenn wir aus dem *shenpa* heraus sprechen oder handeln.

Glücklicherweise lässt sich ein Bruch des Versprechens, füreinander Sorge zu tragen, leicht reparieren. Als Erstes erkennen wir an, dass wir es gebrochen, dass wir unser Herz verhärtet und unseren Geist verschlossen, dass wir jemanden ausgeschlossen haben. Und dann können wir unser Versprechen erneuern. Wir können auf der Stelle – oder als tägliche Praxis – unsere Absicht bekräftigen, für den Rest unseres Lebens die Tür für alle fühlenden Wesen offen zu halten. Das ist das Training des spirituellen Kriegers, das Training im Kultivieren von Mut und Empathie, das Training im Kultivieren von Liebe. Die Anzahl der Wesen auf der Welt, die geschädigt oder verletzt sind, die Schmerzen haben, lässt sich unmöglich beziffern, aber wir sind dennoch bestrebt, keines von ihnen aufzugeben und alles uns Mögliche zu tun, um ihren Schmerz zu lindern.

Unnötig zu sagen, dass wir dabei wahrscheinlich nicht perfekt sein werden. Einmal machte ich die Erfahrung, dass ich still auf meinem Bett saß, Shantideva las und weinte, weil ich zutiefst ergriffen war und unbedingt liebevoll und mitfühlend sein wollte. Dann platzte jemand in mein Zimmer, und ich blaffte die Frau an, weil sie mich gestört hatte.

Solche Erfahrungen sind ganz entschieden demütigend. Sie können dazu führen, dass wir uns in Selbstkritik ergehen, oder aber uns zur Erneuerung unserer

Absicht inspirieren, für andere da zu sein, ganz gleich, was sie in uns auslösen. Wenn wir unser Ziel verfehlen, können wir sofort die Drei-Schritte-Praxis ausführen. Wir können den Funken der Verärgerung, der Ungeduld oder Enttäuschung einfangen, bevor er zur Flamme des Zorns wird und explodiert. Die Praxis erlaubt uns, auf das zu schauen, was rings um uns herum passiert, und uns zugleich der Vorgänge in unserem Innern bewusst zu sein. Um die Schritte noch einmal durchzugehen:

> Begeben Sie sich als Erstes in die Gegenwart. Werfen Sie einen Blick auf das, was im Moment mit Ihnen passiert. Seien Sie sich vollkommen gewahr über Ihren Körper, seine energetische Beschaffenheit. Ebenso über Ihre Gedanken und Emotionen.
>
> Fühlen Sie als Nächstes Ihr Herz. Legen Sie buchstäblich die Hand aufs Herz, wenn Ihnen das eine Hilfe ist. So akzeptieren Sie sich selbst, wie Sie in diesem Augenblick sind. Sie sagen quasi: »Das ist im Moment meine Erfahrung, und sie ist okay.«
>
> Dann begeben Sie sich ohne jedes Vorhaben in den nächsten Augenblick.

Diese Praxis kann uns in Fällen für andere öffnen, in denen wir an sich zum Dichtmachen tendieren. Sie gibt uns eine Methode an die Hand, wach zu sein, statt zu schlafen, nach außen zu schauen, statt uns zurückzuziehen. Zum Beispiel sind wir, wenn wir zu einem Treffen gehen, derart mit dem beschäftigt, was wir sagen wollen, dass wir die anderen Leute ausblenden, gar nicht hören, was sie sagen, oder keine Hinweise auf ihre Gefühle aufnehmen. Aber wenn wir uns vor dem Betreten des Saales mit Hilfe der Drei-Schritte-Praxis erden, Körper und Geist genau da zusammenbringen können, wo wir sind, dann können wir uns aufgeschlossen in das Treffen begeben, mit einer wissbegierigen Haltung des »Mal sehen, wie sich das hier entfaltet«, statt auf das Erreichen eines bestimmten Ergebnisses fixiert zu sein. Wir bereiten uns vor, wir kennen unser Thema, und dann springen wir. Mir wurde beigebracht, auf diese Weise zu lehren. Ich lese, ich mache mir Notizen, ich entscheide, was ich sagen möchte. Dann betrete ich den Raum und spreche ohne irgendwelche Hilfsmittel.

Vor vielen Jahren führte mich einer der Mönche in Gampo Abbey in die Praxis ein, beim morgendlichen Aufwachen an mich selbst gerichtet zu sagen: »Ich frage mich, was heute passieren wird.« Das ist die geistige Gesinnung, in der man einen Sprung macht.

Wenn wir uns in dieser Praxis kontinuierlich üben, sei es als formelle Meditation oder tagsüber an Ort und Stelle, werden wir immer geschickter darin, es zu bemerken, wenn wir aktiviert sind. Wir begeben uns also in die Gegenwart – »synchronisieren Körper und Geist«, wie Chögyam Trungpa das nannte –, lassen dann die Story fallen und öffnen uns für die betreffende Person oder gegebene Situation. Das ist die Grundlage dafür, dass wir uns umeinander kümmern, mit Freundlichkeit und Mitgefühl auf andere zugehen. Das ist die Praxis, unsere Kriegerschaft in Anspruch zu nehmen, statt von unseren Gedanken und Emotionen weggeschwemmt zu werden.

Zugegeben, es besteht eine Diskrepanz zwischen dem allumfassenden Anspruch des zweiten Versprechens und der Realität, dass es mit Sicherheit Leute gibt, bei denen es uns schwerfällt, sie zu mögen. Chef, Mitarbeiter, Ehegatte, Zimmergenosse, Mutter, Vater, Kind – wer sind die Menschen, die Sie wirklich nicht leiden können und von denen Sie wünschen, dass sie einfach nicht da wären? Wer steht auf Ihrer Liste? Seien Sie ihnen dankbar: Sie sind Ihre ganz besonderen Gurus, die gerade zur rechten Zeit auftauchen, um Sie ehrlich bleiben zu lassen. Die Störenfriede in Ihrem Leben sind es, die Sie sehen lassen, dass Sie sich verschlossen, dass Sie eine Rüstung angelegt, dass Sie den Kopf in den Sand gesteckt haben. Wenn Sie nicht auf sie wütend geworden wären, wenn Sie sie nicht satthätten, hätten Sie nie Geduld kultivieren können. Wenn Sie sie nicht beneideten, wenn Sie nicht auf sie eifersüchtig wären, hätten Sie nie daran gedacht, sich über Ihre üble Gesinnung hinwegzusetzen und sich an ihrem Glück zu freuen. Wenn Sie nie jemanden getroffen hätten, der Ihnen gewachsen ist, hätten Sie sich vielleicht für besser als alle anderen gehalten und arrogant deren neurotisches Verhalten kritisiert, statt wegen Ihres eigenen neurotischen Verhaltens etwas zu unternehmen.

Wenn wir diese Verpflichtung eingehen, beginnen wir mit dem fortlaufenden Training in liebevoller Zugewandtheit und Mitgefühl. Eine Trainingsmethode besteht darin, sich ständig zu fragen: »Wie kann ich zu Diensten sein?« Wir können das alltägliche Praxis werden lassen. Wir werden jedoch immer wieder feststellen, dass wir nicht wirklich sicher sind, was hilft und nicht schadet. Doch lehrt das Scheitern den Krieger eine Menge. Wir lernen wahrscheinlich mehr aus unseren Fehlern als aus unseren Erfolgen. Wir müssen erkennen, wenn etwas nicht funktioniert, und – das ist wichtig – es nicht persönlich nehmen. Stattdessen können wir Chögyam Trungpas Vorschlag befolgen: *Lebe dein Leben als Experiment.* Nimm die Haltung an: »Ich bin nicht sicher, was in dieser Situation hilft, aber ich werde experimentieren und das hier versuchen.« Manchmal wird das Ergebnis ein »*Wow,* das war ja ein totaler Fehlschlag!« sein. Aber wir haben, wenn das so sein sollte, etwas gelernt und können jetzt etwas anderes versuchen.

Bei unseren Bemühungen um die Einhaltung dieses Versprechens ist es uns eine Hilfe, wenn wir eine Pause einlegen und uns vor Augen halten, wie gewaltig es ist – dieser unvorstellbar lange Zeitraum und diese unendliche Anzahl von Leuten, denen zu helfen wir versprechen: nicht nur ein paar Menschen, die uns leidtun, sondern ausnahmslos allen Wesen allerorten. Wenn wir sie auf der Straße sehen, in der Zeitung von ihnen lesen, über unsere Freunde von ihnen hören, wenn sie auf irgendeine Weise in unserer Bewusstsein gelangen, sind sie Kandidaten für unsere liebevolle Zuwendung und unser Mitgefühl. Es ist eine Aufgabe ohne Schranken, ohne Grenzen, und wir sind auf immer mit dem Training in der konkreten Praxis beschäftigt.

Das Bestreben des Kriegers ist es, niemals dichtzumachen, selbst wenn eine persönliche Beziehung zerbricht. Das heißt nicht, dass das ohne Schmerz abgeht. Das Ende einer vormals engen Beziehung wirft uns mitten hinein in die grundlegende Ungewissheit – und das tut definitiv weh. Wir sind an unsere Grenzen gestoßen. Wir finden uns in einem Verhalten gefangen, dem wir schon seit Jahren entwachsen zu sein glaubten. Manchmal lässt uns schon allein der Gedanke an diese Person verschließen. Doch oftmals lehrt uns eine scheinbar unlösbare Art von Beziehung am meisten, sofern wir erst einmal bereit sind, verletzlich und ehrlich zu sein; wenn wir willens sind, uns mit dem »lauteren Herz der Traurigkeit« zu verbinden, wie Chögyam Trungpa es nannte. Als im Training befindlicher Krieger tun wir unser Bestes, diese Person ohne Heuchelei in unserem Herzen zu bewahren. Wenn wir eine schwierige Beziehung haben, können wir zum Beispiel ein Bild von der betreffenden Person an einem Ort aufstellen, an dem wir es häufig sehen, und dann denken: »Ich wünsche dir höchstes Wohlergehen.« Oder wir können den Namen der Person im Verein mit dem Wunsch niederschreiben: »Mögest du in Sicherheit sein, mögest du glücklich sein, mögest du in Frieden leben.«

Unabhängig von der speziellen Aktion, die wir unternehmen, geht unser Bestreben dahin, dass wir der anderen Person von Nutzen sind und ihr alles Gute wünschen. Dieses Bestreben gründet sich auf das wachsende Vertrauen in das grundlegende Gutsein, sowohl bei uns als auch bei der anderen Person. Es gründet sich auf unsere Bereitschaft, unsere Schutzhüllen abzustreifen und zu versuchen, die andere Person frei von unseren Etikettierungen und fixen Vorstellungen wahrzunehmen. Wir versuchen die Story, wie dieser Mensch uns geschädigt hat, wie alles sein Fehler ist, fallenzulassen. Unsere Gefühle mögen immer noch wund, unsere Abneigung gegen diese Person und Situation noch immer vorhanden sein. Aber ganz gleich, was passiert ist, was wer wem angetan hat, wir tun alles uns Mögliche, um die Negativität in uns aufzulösen. Das heißt nicht unbedingt, dass wir wieder zusammenkommen – oftmals bedeutet es wegzubleiben –, aber wir können der

Person Vergebung und Anteilnahme schicken. Glauben Sie mir, das fühlt sich sehr viel besser an, als sich mit Bitterkeit zu vergiften.

Die Aufgabe übersteigt unser Vorstellungsvermögen: jedes Wesen aus der endlosen Tiefe des Leidens zu retten. Nicht nur davor, zu hungern, keine Kleidung oder kein Obdach zu haben, sondern auch davor, misshandelt, missbraucht, vernachlässigt, gefoltert oder getötet zu werden. Zudem widmen wir unser Leben auch der Rettung von uns selbst und anderen vor den Ursachen des Leidens: unseren Tendenzen, Schaden und Leid zuzufügen und die Aggression zu steigern, unserer Unfähigkeit, unsere Auslöser zu kennen oder unsere Vorurteile wahrzunehmen, unserer schon bestehenden Neigung, sich provozieren zu lassen und dann die ganze Schuld anderen anzulasten.

Mit der Verpflichtung zum Krieger werden wir allmählich zu einem »Vehikel«, das andere mit ihrem unbeeinträchtigten Geist, mit ihrem angeborenen Gutsein in Verbindung kommen lässt, sodass auch sie allmählich die Bodenlosigkeit menschlicher Existenz als Quelle der Inspiration und Freude akzeptieren können. Wir wünschen, dass alle Wesen, wir selbst eingeschlossen, furchtlos mit der Ungewissheit und Veränderung leben können. Das dafür erforderliche Mitgefühl und die dazu nötige liebende Zuwendung sind grenzenlos, aber wir fangen mit dem an, was uns um Moment zur Verfügung steht, und bauen darauf auf.

Die Verpflichtung zum Krieger impliziert das Verständnis, dass es an menschlichen Wesen nichts Statisches gibt. Normalerweise bemühen wir uns sehr, unsere festen Vorstellungen von Leuten beizubehalten: »Meine egozentrische, unvernünftige Schwester«, »Mein fröhlicher, optimistischer Mitarbeiter«, »Mein gemeiner, verklemmter Vater«. »Und was ist mit mir?«: »Ich bin zu dick«, »Ich bin ein Verlierer«, »Ich kriege es nie richtig hin«, »Ich bin sehr viel schlauer oder in besserer Verfassung als alle anderen«, »Ich bin fähig und erfolgreich«, »Das Meditieren ist nicht meine Sache« oder »Ich bin eine schlechte Mutter und noch schlechtere Ehefrau«. Tatsache aber ist, dass kein einziges Etikett wirklich haften bleibt. Wir können nie abschließend und definitiv sagen, wie jemand ist, weil sich die Fakten ständig ändern. Wir haben nie alle Informationen.

Das Versprechen fordert uns dazu heraus, unsere herkömmliche Denkweise, die gewöhnlich von uns angenommene Existenzweise der Realität infrage zu stellen. Jeder lebt in einer Realität, die wir für die wirkliche halten. Wir beharren darauf, dass sie genau so ist. Ende der Geschichte. Aber ist nicht sogar auch die auf dem kollektiven Konsens basierende Realität einfach nur eine Projektion unserer menschlichen Sinneswahrnehmungen? Tiere haben nicht die gleichen Wahrnehmungen wie wir; von daher teilen sie auch nicht dieselbe Realität. Was also ist die »wirkliche« Realität? Die unsere? Die eines Hundes? Die eines Vogels? Die einer Fliege? Die Antwort ist, dass es die *eine* »wirkliche« Realität nicht gibt. Die Realität ist da, wo wir uns im Augenblick befinden, und sie ist nicht so festgefügt, nicht so gewiss, wie wir denken.

Einer der Astronauten, der zum Mond flog, beschrieb später seine Erfahrung, als er aus dieser Perspektive auf die Erde zurückblickte. Die Erde sah so klein aus. Einfach nur eine einzelne Kugel, die im Raum hing. Der Gedanke daran, dass wir die Welt willkürlich in Länder aufgeteilt haben, an denen wir extrem haften, mit Grenzen, die wir immer wieder durch Kriege schützen, machte ihn sehr traurig. Unser Tun hat einfach keinen Sinn, so seine Erkenntnis. Wir haben nur diese eine Erde mit einem Volk, um sich um sie zu kümmern, und die Art und Weise, wie wir damit umgehen, ist verrückt.

Häuptling Seattle kam vor über hundert Jahren zur gleichen Erkenntnis:

> *Wir sind alle Kinder des Großen Geistes. Wir gehören alle zu Mutter Erde. Unser Planet ist in großen Schwierigkeiten, und wenn wir immer weiter unseren alten Groll hegen und nicht zusammenarbeiten, werden wir alle sterben.*

So, wie wir die Dinge etikettieren, so erscheinen sie für uns. Wenn wir ein Stück der Erde »China«, »Brasilien« oder »Vereinigte Staaten« nennen, wird es zu einer mit stark emotionalem Ballast befrachteten Wesenheit. Wenn wir etwas als »gut« bezeichnen, sehen wir es als gut. Bezeichnen wir etwas als »schlecht«, sehen wir es als schlecht. Wir hängen uns in einem Maße an den Etikettierungen »Mag ich« und »Mag ich nicht« auf, daran, was richtig und was falsch sein soll, als ob sie die letztendliche Wirklichkeit wären. Aber die menschliche Erfahrung ist eine Erfahrung, dass es nichts gibt, woran man sich hängen könnte, dass nichts ein für alle Mal festgelegt ist. Die Realität zerbricht immer wieder. Das Einzige, was in dieser vergänglichen Situation Sinn ergibt, ist, dass wir aufeinander zugehen und uns die Hände reichen.

Wenn wir dahin kommen, dass wir unsere fixen Ideen,

unser beschränktes Selbstgefühl, unsere Vorstellungen von Richtig und Falsch, die Etikettierungen, in die wir so viel investieren, von mehr Raum umgeben sehen, wird der Spalt in unserer herkömmlichen Wahrnehmung und Erfahrung des Lebens immer breiter. An diesem Punkt mag uns allmählich dämmern, dass wir unser Denken verändern müssen, wenn wir den Film unseres Lebens verändern wollen.

Es gibt eine Geschichte, die der Zen-Meister Ed Brown über seine frühe Zeit mit seinem Lehrer Suzuki Roshi erzählt. Ed war in den Sechzigerjahren Chefkoch des Tassajara Zen Mountain Center in Kalifornien und für sein explosives Temperament berüchtigt. Einmal begab er sich voller Wut zu seinem Lehrer und beklagte sich über den Zustand der Küche: Die Leute machten nicht ordentlich sauber; die Leute redeten zu viel; die Leute waren abgelenkt und unachtsam. Es war ein einziges tägliches Chaos. Suzuki Roshis Antwort fiel einfach aus: »Ed, wenn du eine ruhige Küche willst, beruhige deinen Geist.«

Wenn unser Geist weit und unbehindert ist, finden wir uns in einer entgegenkommenderen Welt, an einem Ort, der unendlich interessant und lebendig ist. Eine Qualität, die dem Ort nicht von Natur aus innewohnt, sondern unser Geisteszustand ist. Der Krieger hat den sehnlichen Wunsch, dass alle Zugang zum grundlegenden Gutsein haben und dass echte Freiheit daraus entsteht, dass wir unsere Etikettierungen und Projektionen, unsere Voreingenommenheit und Vorurteile hinter uns lassen und füreinander Sorge tragen.

7 ~ Schmerz einatmen, Befreiung ausatmen

Am 11. September 2001 brach Millionen Menschen der Boden unter den Füßen weg. Als zwei Flugzeuge in die Zwillingstürme des World Trade Center flogen, veränderte sich das Leben, wie es viele kannten, für immer. Unsere gesamte Gesellschaft wurde von einer Erfahrung der Bodenlosigkeit erfasst. Die Wahrheit der Ungewissheit und des Wandels wurde unmittelbar einsichtig für die Bewohner New Yorks, der ganzen USA sowie auch für viele andere Menschen auf der Welt.

In den folgenden Tagen, in dieser alldurchdringenden Atmosphäre von Nichtwissen, was passierte oder was zu tun war, versammelten sich in großen und kleinen Städten der Vereinigten Staaten große Gruppen zu einer Praxis, die man »Tonglen« nennt. Die Anweisung lautete, so tief wie möglich den Schmerz und die Angst all derer einzuatmen, die sich in den brennenden Türmen aufgehalten hatten, all derer, die sich in den Tod gestürzt hatten, all derer, die sich in den Flugzeugen befunden hatten, und all der Millionen, die durch dieses Ereignis traumatisiert worden waren. Und auch die Wut und den Zorn der Flugzeugentführer einzuatmen und derer, die den Angriff geplant hatten. Und dann auszuatmen und ihnen allen Befreiung zu schicken.

Manche schickten Liebe und Anteilnahme an alle, die litten. Manche schickten an die, die in den Türmen und Flugzeugen eingesperrt waren, Kühle und einen Ausweg aus der sengenden Hitze der Flammen. Manche schickten Furchtlosigkeit. Manche schickten das Bestreben, dass niemand Hass oder rasende Wut in sich aufstauen möge. Mit dem Einatmen taten alle das Einzige, was sie zur Unterstützung derer tun konnten, die nicht überlebt hatten. Mit dem Ausatmen fanden sie einen Weg, das tiefe Verlangen, hilfreich zu sein, in die Praxis umzusetzen, was immer das bedeuten mochte. Natürlich haben Tausende von Menschen in New York und anderswo sofort ihre Hilfe angeboten. Tatsächlich fand sich eine solche Flut von Freiwilligen ein, dass viele abgewiesen werden mussten. Bei den Tonglen-Zusammenkünften wurde jedoch niemand abgewiesen, und Leute, die auf keine andere Weise helfen konnten, schlossen sich den vielen an, die das Leiden derer, die unter unvorstellbaren Schmerzen gestorben waren, und das Leiden ihrer Hinterbliebenen lindern wollten.

Tonglen ist eine Kernpraxis für im Training befindliche Krieger, das wirkungsvollste Instrument, um Mut zu entwickeln und das Gefühl von Einssein mit anderen zu erwecken. Es ist eine Praxis, um in der Mitte des Flusses zu bleiben. Sie gibt uns die Stärke, uns vom Ufer zu lösen.

Tonglen wird auf unterschiedliche Weise gelehrt, aber in der Essenz geht es darum, das Unangenehme und Ungewollte einzuatmen und das auszuatmen – auszusenden –, was angenehm, erfreulich, erlösend und befreiend ist. Mit anderen Worten, wir atmen ein, was wir für gewöhnlich zu vermeiden suchen, und senden aus, woran wir uns gewöhnlich klammern, zum Beispiel Glück und Gesundheit. Wir atmen Schmerz ein und senden Vergnügen aus. Wir atmen die Schande ein und senden den guten Ruf aus. Wir atmen den Verlust ein und senden den Gewinn aus. Tonglen ist eine unseren Gewohnheiten sehr stark zuwiderlaufende Praxis. Sie hilft uns, unsere Angst vor dem Leiden zu überwinden und mit dem Mitgefühl in Kontakt zu kommen, das uns allen innewohnt.

Das tibetische Wort *tonglen* steht für »senden und empfangen«. Es bezieht sich auf unsere Bereitschaft, den Schmerz anderer, die unserem Wissen nach leiden, auf uns zu nehmen und ihnen zukommen zu lassen, was immer unserem Gefühl nach ihren Schmerz lindert und was immer ihnen ermöglicht, bei den Kümmernissen, Verlusten und Enttäuschungen des Lebens präsent zu bleiben.

Das Praktizieren von Tonglen erweckt unser natürlich angeborenes Einfühlungsvermögen, unsere angeborene Fähigkeit, uns in andere hineinzuversetzen. Sich anderer Leute anzunehmen, wenn sie verängstigt, traurig, wütend oder arrogant sind, kann eine Herausforderung sein; es konfrontiert uns mit unserem eigenen Schmerz und unser eigenen Angst, mit den Orten, wo wir feststecken. Aber wenn wir bei diesen unerwünschten Gefühlen bleiben können, lassen sie sich als Sprungbrett zum Verstehen des Schmerzes und der Angst anderer nutzen. Tonglen lässt uns erkennen, wo wir im Augenblick stehen, und zugleich ein Gefühl von Verwandtschaft mit anderen entwickeln. Wenn schmerzhafte Gefühle aufkommen, atmen wir sie ein, öffnen uns für unser eigenes Leiden und das Leiden aller anderen, die ebenso empfinden. Dann schicken wir uns allen Befreiung.

Diese Form des Tonglen hat mir die größte Befreiung gebracht. Sie nutzt die ganz unmittelbare und beunruhigende Rohheit unseres eigenen Unbehagens als Verbindungsglied zu anderen. Sie lässt uns auf erfahrungsgemäße und nichtkonzeptuelle Weise verstehen, dass unser Leiden nichts Einzigartiges ist, sondern von Millionen und zig Milliarden anderen Wesen, Tieren wie auch Menschen, geteilt wird. Wir erfahren, dass wir Krebs haben, und wir atmen die Angst ein, die Ungläubigkeit, den Schmerz aller Krebspatienten und schicken allen Erleichterung und Befreiung. Wir verlieren einen uns lieben Menschen, und das verbindet uns mit allen, die von Kummer überwältigt sind. Wir liegen schlaflos wach, und das verbindet uns mit zahllosen anderen, die wach liegen. Wir atmen an Ort und Stelle unsere Schlaflosigkeit und die Schlaflosigkeit anderer ein, atmen unsere Befürchtungen ein, unsere Aufgeregtheit und das gleiche Unbehagen, das andere empfinden. Und wir atmen an Ort und Stelle Ruhe, Geistesfrieden, Zufriedenheit aus – ja auch eine Visualisierung, wie alle von uns tief und fest schlafen.

Tonglen ist eine Praxis des umfassenderen Denkens, des Eintauchens in unsere Gleichheit mit allen Wesen. Statt uns innerlich zu verkriechen, können wir die Schonungslosigkeit, die Härte menschlicher Bedingtheit als Methode nutzen, unsere natürlich gegebene Fähigkeit zur Liebe, zur Fürsorge und Anteilnahme zu wecken und unsere wechselseitige Verbundenheit zu verstehen.

Mit Tonglen werden unsere unseligen Umstände zu einem Mittel, unser Herz zu erwecken, uns zu befähigen, aus ganzem Herzen für das Wohl anderer zu arbeiten und gleichzeitig uns selbst ein wahrer Freund zu sein.

Tonglen ist nicht nur eine Praxis, die man auf dem Meditationskissen macht. Sie ist ganz besonders inmitten unseres Alltags nützlich, da, wo wir uns gerade bei unserem Tun am Tag befinden. Vielleicht bekommen wir einen Brief oder eine E-Mail von einem Freund, der schwere Zeiten durchmacht, der deprimiert ist, der einen bestürzenden Verlust erlitten hat. Wir können gleich damit beginnen, den Schmerz unseres Freundes einzuatmen, uns mit seiner Traurigkeit oder Verzweiflung verbinden und wünschen, dass sein Leiden aufgehoben sein möge. Beim Ausatmen können wir ihm dann Befreiung schicken – Freude, Anteilnahme, Geistesfrieden und was immer uns hier angemessen erscheint.

Vielleicht sehen Sie, wie jemand auf der Straße seinen Hund misshandelt, ihn schlägt oder ihn anbrüllt oder an seiner Leine zerrt. Sie können den Schmerz einatmen, den der Hund vermutlich fühlt, und dann Befreiung schicken. Das könnte der Wunsch sein, dass der Hund Freundlichkeit und Sicherheit erfährt, ja vielleicht sogar einen schönen saftigen Knochen bekommt. Sie können auch einatmen, was die ihn misshandelnde Person möglicherweise empfindet – den Zorn und die Verwirrung, die sie dazu gebracht haben, so grausam zuzuschlagen. Atmen Sie ihre Wut ein und schicken Sie ihr beim Ausatmen, was immer Ihrer Meinung nach ihr Herz erweichen könnte. Vielleicht das Gefühl, geliebt zu werden und sich mit sich selbst wohlzufühlen, mehr Weite im Geist und mehr Zärtlichkeit im Herzen.

Tonglen ist ganz besonders nützlich, wenn wir mit jemandem in Konflikt geraten und spüren, wie in uns selbst Schmerz und Verwirrung aufsteigen. Sagen wir, Sie kommen in ein Zimmer, und jemand sagt etwas, was Ihnen nicht gefällt, oder wirft Ihnen einen bösen Blick zu. Normalerweise würden Sie sich verschließen, ein ausdrucksloses Gesicht machen oder sich zwanghaft überlegen, wie Sie das heimzahlen können, oder was immer Sie machen, wenn Sie flüchten, wenn Sie sich nicht mit schmerzhaften Gefühlen befassen wollen. Tonglen aber gibt Ihnen die Möglichkeit, noch an Ort und Stelle mit Ihren Emotionen zu arbeiten. Vielleicht empfinden Sie Angst. Sie können sich völlig für sie öffnen – ihren Geruch, ihre Beschaffenheit, die Spannung in Ihrem Körper – und alles einatmen. Während Sie weiterhin die Angst einatmen, können Sie sich öffnen, um alle allerorts einzubeziehen, die Angst haben. Sie können sogar Ihre Grenzen noch ausdehnen und die Person mit hineinnehmen, die Ihre Angst ausgelöst hat, und wünschen, dass sie von Leiden frei sein möge. Wenn Sie dann ausatmen, können Sie den starken Wunsch aussenden, dass alle Wesen, die Angst empfinden, Sie selbst eingeschlossen, davon frei sein mögen.

Sie gestehen sich auf der Stelle Ihre Gefühle ganz und gar ein, erkennen sie an. Statt die Emotionen wegzuschieben, sind Sie vollkommen mit ihnen in Berührung. Das ist nicht dasselbe, wie völlig mit sich beschäftigt, nur im eigenen Leid befangen zu sein. Weit davon entfernt. Tonglen bringt uns mit all den anderen in Berührung, die so sind wie wir, die so fühlen wie wir. Alle erleben wir Lust und Schmerz. Alle neigen wir dem Bequemen und Angenehmen zu und haben eine Abneigung gegen das, was nicht so ist.

Oft werde ich gefragt: »Aber wie weiß ich denn, ob andere Leute das Gleiche fühlen wie ich?« Ich denke, man kann gefahrlos behaupten, dass wir fast nichts fühlen, was Millionen andere nicht auch fühlen – oder irgendwann einmal gefühlt haben. Unsere Geschichten unterscheiden sich, aber wenn es um Lust und Schmerz und unsere Reaktionen darauf geht, sind die Menschen überall gleich.

Tonglen steht unserem üblichen Umgang mit der Welt entgegen: Wir wollen das Leben zu unseren eigenen Bedingungen, wollen, dass die Dinge sich zu unserem Nutzen gestalten, ganz gleich, was mit anderen passiert. Diese Praxis beginnt die Mauern einzureißen, die wir um uns hochgezogen haben, beginnt uns aus dem Gefängnis des Ichs zu befreien. Wenn dieser Schutzschild allmählich zerfällt, haben wir den Wunsch, uns anderen zuzuwenden. Die Leute brauchen Hilfe – und wir können sie geben: sowohl buchstäblich wie auch auf der Ebene der guten Wünsche für ihr Wohlergehen.

Tonglen kehrt die übliche Logik des Vermeidens von Schmerz und Strebens nach Lust und Vergnügen um. In dem Maße, wie wir uns für unseren eigenen Schmerz zu öffnen vermögen, können wir uns auch für den Schmerz anderer öffnen. In dem Maße, wie wir bei unserem eigenen Schmerz präsent sein können, werden wir es auch mit jemandem aushalten, der uns provoziert. Wir gelangen dahin, den Schmerz als etwas anzusehen, was uns transformieren kann, nicht als etwas, dem es um jeden Preis zu entkommen gilt. Mit der kontinuierlich fortgesetzten Tonglen-Praxis wird auch unser Mitgefühl wachsen. Wir stellen fest, dass wir zunehmend mehr für andere da sind, sogar auch in Situationen, in denen uns das vordem unmöglich zu sein schien.

Nicht, dass es nicht Zeiten gäbe, in denen wir diese Praxis einfach nicht machen können. Es kann sein, dass wir uns mit einem Leiden konfrontiert sehen, unserem oder dem eines anderen, dem wir uns nicht stellen können, und wir sind wie betäubt. Oder wir haben kein Problem, mit dem Schmerz in Berührung zu kommen, können aber keine Erleichterung oder Befreiung aussenden. Vielleicht ist es eine derart überwältigende Situation, dass uns keine Form von Entlastung einfällt, die angesichts dessen, was wir beobachten oder fühlen, auch nur die geringste Auswirkung haben könnte. Was immer der Grund sein mag, warum wir kein Tonglen machen können, es ist kein Anlass zur Selbstkritik oder Verzweiflung. Das Leben bietet uns viele Gelegenheiten, es wieder zu versuchen.

Jegliche Art von Widerstand deutet darauf hin, wie wichtig es ist, ein Gefühl von Weite in die Praxis einzubringen. Eine Methode dafür ist, sich vorzustellen, dass wir in einen Raum so weit wie der Himmelsraum hineinatmen. Wenn wir unseren Körper als grenzenlos, transparent und umfassend genug empfinden, um jedes Maß an Leiden in uns aufnehmen zu können, können wir im Wissen atmen, dass der Schmerz nirgendwo feststecken kann. Wenn wir dann ausatmen, können wir das gleiche Gefühl von Offenheit und Freiheit aussenden, das Gefühl, dass da eine Menge Raum ist, grenzenloser Raum, genug Raum, um alles zu beherbergen – Elend, Entzücken, die ganze Palette menschlicher Emotionen.

Als formelle Meditationspraxis hat Tonglen vier Phasen:

Die erste Phase ist eine Pause, ein Augenblick des Stillseins und des Raumes, eine kurze Unterbrechung. Wenn Sie dafür ein Bild brauchen, können Sie über irgendeine Erfahrung weit offenen Raumes nachdenken wie der Blick hinaus auf den Ozean oder in einen wolkenlosen Himmel.

Die zweite Phase ist eine Visualisierung, ein Arbeiten mit Beschaffenheit. Wenn Sie einatmen, atmen Sie heiße, schwere, dichte Energie ein – ein Gefühl von Klaustrophobie. Atmen Sie zur Gänze ein, durch alle Körperporen. Wenn Sie ausatmen, atmen Sie das Gefühl von Frische, von Kühle, von Licht, von strahlender Energie aus. Strahlen Sie im Radius von 360 Grad aus. Setzen Sie das einige Minuten lang fort oder so lange, bis sich die bildliche Vorstellung mit dem Ein- und Ausatmen in Einklang befindet.

Zur dritten Phase gehört, dass Sie eine spezielle schmerzliche Situation einatmen, sich so weit wie möglich für sie öffnen und dann Weite und Entlastung und Befreiung ausatmen. Traditionellerweise fangen wir beim Tonglen mit einer Person oder einem Tier an, der oder dem wir helfen möchten. Wir können aber auch mit unserer momentanen persönlichen Erfahrung beginnen – dem Gefühl von Hoffnungslosigkeit oder Ärger zum Beispiel – und sie dann als Sprungbrett verwenden, um uns mit den schmerzlichen Gefühlen anderer zu verbinden.

In der vierten Phase dehnen wir das Tonglen noch weiter aus. Wenn wir es für einen Freund praktizieren, der Aids hat, dehnen wir es auf alle aus, die Aids haben. Wenn wir es für unsere alkoholabhängige Schwester machen, dehnen wir es auf alle Alkoholiker aus, auf alle, die an einer Sucht leiden.

> Wenn wir es schon für alle praktizieren, die den gleichen Schmerz erleiden wie wir, können wir es auf weltweit alle ausdehnen, die auf irgendeine Weise leiden, sei es geistig oder körperlich. Und wir können es noch weiter ausdehnen, um alle einzuschließen, die in der Ichbezogenheit verstrickt sind, alle, die vom fixierten Denken gequält werden und der Unfähigkeit, Hoffnung und Angst loszulassen.

Als allgemeine Richtlinie gilt, dass wir die Tonglen-Praxis mit einer unmittelbaren und realen Situation und nicht mit etwas Vagem oder Unpersönlichem beginnen. Dann dehnen wir sie aus, um immer mehr Wesen einzubeziehen, die auf ähnliche Weise leiden, sowie auch alle, die darunter leiden, dass sie sich ans Ego klammern, und alle, die unter dem Widerstand gegen die Ungewissheit und Vergänglichkeit leiden.

Wenn wir selbst auch nur einen Schimmer davon erhascht haben, wie sich Egolosigkeit, wie sich Erwachen, wie sich Freiheit anfühlt, dann wünschen wir uns das auch für andere. Wenn wir sehen, dass sie am Haken hängen, können wir uns in sie hineinversetzen und in das, was sie durchmachen, statt Kritik an ihnen zu üben und Urteile über sie zu fällen – wir haben das auch durchgemacht und wissen genau, wie sie sich fühlen. Unser Wunsch für andere Menschen ist der gleiche Wunsch, den wir auch für uns haben: uns wertzuschätzen, es zu erkennen, wenn wir gefangen sind, und uns aus diesen Gefühlen herauszulösen, nicht mehr die funktionsgestörten Muster zu bestärken, die unser Leiden verlängern, uns anderen zuzuwenden, das Gutsein der menschlichen Existenz zu erfahren.

Braucht es Zeit, uns an die Tonglen-Praxis zu gewöhnen, gleich ob wir sie rituell oder aktuell an Ort und Stelle praktizieren? Ja. Muss man sich an die Rohheit des Schmerzes gewöhnen? Braucht man Geduld und Sanftheit? Ja. Und wenn die Praxis zu schwer erscheint, muss man sich nicht entmutigen lassen. Gestehen Sie sich zu, dass Sie sich langsam, in Ihrem eigenen Tempo an sie gewöhnen, arbeiten Sie erst mit Situationen, die Ihnen im Moment leichtfallen. Ich erinnere mich stets an das, was Chögyam Trungpa zu sagen pflegte, wenn ich mein Selbstvertrauen verloren hatte und aufgeben wollte. Dann richtete er sich hoch auf, lächelte breit und verkündete: »Ja, du kannst das!« Seine Zuversicht war irgendwie ansteckend, und wenn ich seine Worte hörte, dann wusste ich, dass ich es konnte.

Ich habe einmal ein Gedicht über das Praktizieren von Tonglen in Kriegszeiten gelesen. Die bildhafte Vorstellung war die, das Fallen von Bomben, Gewalt, Verzweiflung, den Verlust deiner Beine und die Heimkehr mit verbranntem und entstelltem Gesicht einzuatmen und dann die Schönheit der Erde und des Himmels, die Güte der Leute, Sicherheit und Frieden auszusenden. Im gleichen Geist können wir Hass und Eifersucht, Neid und Sucht – all das Leid menschlichen Dramas – einatmen, unsere persönliche Erfahrung von diesem Schmerz nutzen und Tonglen auf alle anderen ausdehnen, die in gleicher Weise gefangen sind. Dann können wir Flexibilität, Leichtigkeit des Herzens, Freisein von Aggression und Stärke aussenden – alles, was unserem Gefühl nach Trost, Aufschwung und Erleichterung bringt. Der Schmerz der Welt durchbohrt unser Herz, aber wir vergessen nie das Gute am Lebendigsein.

Chögyam Trungpa sagte einmal: »Das Problem mit

den meisten Menschen ist, dass sie immer versuchen, das Schlechte nach außen abzugeben und das Gute in sich aufzunehmen. Das war das Problem der Gesellschaft im Allgemeinen und der gesamten Welt.« Die Zeit ist gekommen, es mit einem anderen Ansatz zu versuchen: das Schlechte in uns aufzunehmen und das Gute nach außen abzugeben. Mitgefühl ist keine Sache von Mitleid oder dass die Starken den Schwachen helfen; es ist eine Beziehung zwischen Gleichen, ist wechselseitige Unterstützung. Wenn wir Tonglen praktizieren, wird uns allmählich klar, dass das Wohlergehen anderer Menschen ebenso wichtig ist wie unser eigenes. Wenn wir ihnen helfen, helfen wir uns selbst. Indem wir uns helfen, helfen wir der Welt.

8 ~ Der Katalysator für Mitgefühl

Jemand hat mir ein Gedicht geschickt, das die Essenz der Verpflichtung des Kriegers einzufangen scheint – Einfühlungsvermögen in andere Wesen. Es trägt den Titel »Birdfoot's Grampa« und handelt von einem Jungen und seinem Großvater, die während eines Unwetters auf einer Landstraße unterwegs sind. Der Großvater hält das Auto immer wieder an, steigt aus und sammelt Unmengen von Kröten auf, die auf der Straße herumwimmeln, um sie dann am sicheren Straßenrand abzusetzen. Nach dem vierundzwanzigsten Mal verliert der Junge die Geduld und sagt zu seinem Großvater: »Du kannst sie nicht alle retten, akzeptiere das, komm zurück in den Wagen, wir müssen noch wohin.« Und der knietief im nassen Gras stehende Großvater, die Hände voller Kröten, lächelt nur seinen Enkel an und sagt: »Auch sie müssen wohin.«

Was für eine klare Veranschaulichung der Funktionsweise dieser Verpflichtung. Dem Großvater macht es nichts aus, vierundzwanzigmal anzuhalten und nass zu werden, um die Kröten zu retten. Auch die Ungeduld des Enkels ficht ihn nicht an, denn ihm ist klar bewusst, dass die Kröten sich ebenso sehr wünschen zu leben wie er.

Das Ziel des zweiten Versprechens – für alle Wesen

allerorten Sorge zu tragen – ist gewaltig. Aber ganz gleich, ob wir dieses Versprechen zum ersten Mal eingehen oder zum x-ten Mal erneuern – wir fangen immer genau da an, wo wir jetzt sind. Wir sind dem Enkel oder aber dem Großvater näher, doch wo immer wir stehen, genau da fangen wir an.

Wenn wir dieses Versprechen abgeben, heißt es, wird ein Samenkorn tief in unser Unbewusstes, tief in unser Herz und in unseren Geist eingepflanzt, das nie wieder verschwindet. Dieses Samenkorn ist ein Katalysator, der zusätzlich die uns innewohnende Fähigkeit zur Liebe und zum Mitgefühl anstößt, zum Einfühlungsvermögen und dazu, die Gleichheit in uns allen zu sehen. Wir geben also das Versprechen ab, wir säen die Saat und tun dann unser Bestes, unser Herz nie zu verhärten oder unseren Geist nie vor jemandem zu verschließen.

Natürlich ist es nicht einfach, dieses Versprechen einzuhalten. Wichtig ist jedoch, bei jedem Bruch zu erkennen, dass wir jemanden ausgeschlossen, uns von jemandem entfernt, jemanden »zum anderen gemacht« haben, zu dem auf der anderen Seite des Zauns. Oft sind wir so voller selbstgerechter Empörung, so aufgeladen, dass uns nicht einmal bewusst wird, dass »auf unsere Knöpfe gedrückt« wurde. Aber wenn wir Glück haben, erkennen wir, was passiert ist – oder es wird uns aufgezeigt –, und wir gestehen uns ein, was wir getan haben. Dann erneuern wir ganz einfach unser Versprechen, für andere offenzubleiben, und sind bestrebt, neu anzufangen.

Manche lesen oder rezitieren gern als Bestandteil der Erneuerung ihres Versprechens einen inspirierenden Vers. Wir können hier zum Beispiel den Vers Shantidevas verwenden, der traditionellerweise zur Bekräftigung der Absicht wiederholt wird, anderen von Nutzen zu sein:

Wie früher die Sugatas (Erwachten)
den Erleuchtungsgeist entwickelten
und bei den Bodhisattva-Gelübden
stufenweise verweilten,
so werde auch ich das Wohlergehen der Wesen anstreben,
den Erleuchtungsgeist entwickeln
und in gleicher Weise die Gelübde befolgen
sowie stufenweise praktizieren.

Wir wiederholen diese Worte oder etwas Ähnliches, um unser Versprechen zu erneuern; damit ist ein neuer Augenblick gegeben, und wir gehen weiter voran. Wir werden immer wieder stolpern, straucheln und neu beginnen, aber solange das Samenkorn in uns eingepflanzt ist, werden wir uns stets in die Richtung von immer mehr Offenheit gegenüber anderen bewegen, werden wir immer mehr Mitgefühl und Anteilnahme an den Tag legen.

Beim Versprechen, füreinander Sorge zu tragen, bei der Verpflichtung des Kriegers, geht es nicht darum, perfekt zu sein. Es geht darum, kontinuierlich heilsamen Input in unser Unbewusstes einfließen zu lassen, kontinuierlich die Saat zu säen, die in unserem Herzen die Neigung entstehen lässt, sich grenzenlos auszudehnen, die Neigung zu erwachen. Wir können immer, wenn wir erkennen, dass wir dieses Versprechen gebrochen haben, die Samen der Stärke, die Samen des Vertrauens und der Zuversicht, die Samen der Liebe und des Mitgefühls säen, statt uns selbst zu kritisieren und die Saat der Selbstverurteilung und -herabwürdigung auszustreuen – die Saat selbstgerechter Empörung, der Wut oder sonstiger anderer Ausdrucksformen der Frustration, die wir an anderen auslassen. Wir säen Samenkörner, sodass wir immer mehr wie dieser Großvater und viele andere Menschen werden, die wir kennen oder von denen wir gehört haben und die glücklich zu sein scheinen, ihr Leben für das Wohl anderer aufs Spiel zu setzen.

Wenn Sie sich wegen Ihres starren und unversöhnlichen Herzens mies fühlen, kann Shantideva Sie trösten. Er sagte, es sei der »reine Wahnsinn« gewesen, dass er das Gelübde abgelegt hatte, alle Wesen zu retten. Denn er hätte – obwohl ihm das zu jenem Zeitpunkt nicht bewusst war – dieselben negativen Gedanken und Emotionen wie andere und sei ebenso verwirrt wie alle anderen.

Unsere Verwirrung ist die Verwirrung, die jedermann empfindet. Wenn Sie also denken, dass Sie es in jeder Hinsicht vermasselt, dass Sie das Versprechen unwiderruflich gebrochen haben, dann schlägt Shantideva vor, sich nicht in Schuldgefühlen zu ergehen, sondern es zum Anlass zu nehmen, den Rest des Lebens darauf zu verwenden, dass Sie Ihre gewohnheitsmäßigen Neigungen erkennen und Ihr Bestes tun, sie nicht noch zu stärken.

Wenn wir die Verpflichtung des Kriegers eingehen, ist das so, als befänden wir uns auf einem sinkenden Schiff und gelobten, allen Passagieren zu helfen, damit sie ins Rettungsboot kommen, bevor wir uns selbst hineinbegeben. Vor ein paar Jahren habe ich ein perfektes Beispiel dafür gesehen, als ein Flugzeug der United Airlines in New York auf den Hudson River niederging. Kurz nachdem der Flieger vom LaGuardia Airport abgehoben hatte, setzten Vögel die Triebwerke außer Gefecht, und der Pilot hatte keine andere Wahl, als auf dem Fluss notzulanden. Er führte die Landung so geschickt aus, dass alle 155 Passagiere an Bord überlebten. Ich habe noch das Bild vor Augen, wie sie auf den Flugzeugflügeln standen, bis sie von einer ganzen Flotte herbeieilender kleiner Boote gerettet wurden. Der Pilot blieb an Bord, bis alle Passagiere draußen und in Sicherheit waren, und durchsuchte das Flugzeug zweimal, um ganz sicherzugehen, dass niemand zurückgeblieben war. Das ist die Art von Rollenvorbild, die die Verpflichtung des Kriegers verkörpert.

Andererseits habe ich aber auch Geschichten von Leuten in ähnlichen Situationen gehört, die flüchteten und sich in Sicherheit brachten, ohne an irgendjemand anders zu denken. Im Nachhinein berichten sie immer davon, wie schlecht sie sich deshalb fühlen. Eine Frau erzählte mir, dass sie vor vielen Jahren einen Flugzeugabsturz erlebt hatte. Die Passagiere wurden angewiesen, das Flugzeug sofort zu verlassen, weil es wahrscheinlich explodieren würde. Die Frau hastete zum Ausgang, ohne auch nur irgendjemandem zu helfen, auch nicht dem alten Mann, der sich mit seinem Sicherheitsgurt abmühte und sich nicht daraus befreien konnte. Später lag es ihr schwer auf der Seele, dass sie nicht angehalten und ihm geholfen hatte, und das inspirierte sie dazu, sich nunmehr anderen zuzuwenden, sosehr sie kann und wann immer sie die Möglichkeit dazu hat.

Shantideva sagt, dass wir dieses Gelübde nur dann vollkommen brechen, wenn wir es total aufgeben, anderen helfen zu wollen, und wir uns nicht darum bekümmern, ob wir anderen Schaden zufügen, weil uns einzig daran gelegen ist, dass die Nummer eins ungefährdet und in Sicherheit ist. Wir geraten nur dann in Schwierigkeiten, wenn wir zumachen und uns alle anderen egal sind – wenn wir so zynisch oder deprimiert oder voller Zweifel sind, dass uns nichts mehr kümmert.

Im Zentrum der Einhaltung dieses Versprechens steht das Training, keine Angst zu haben vor der fundamentalen Angespanntheit und Nervosität, dem grundlegenden Unbehagen, wenn diese Regungen in uns aufkommen. Unsere Herausforderung besteht darin, uns im Anlächeln der Bodenlosigkeit, im Anlächeln der Angst zu üben. Ich habe das jahrelang trainiert, weil ich Panikattacken bekomme. Wie jeder weiß, der solch eine Panikattacke schon einmal erlebt hat, kann dieses Gefühl des Schreckens und Entsetzens aus dem Nichts entstehen. Bei mir setzt sie oft mitten in der Nacht ein, wenn ich besonders verletzlich bin. Aber ich habe mich im Lauf der Jahre darin geschult, mich in dieses Gefühl, das Herz und Geist zum Stoppen bringt, hinein zu entspannen. Meine erste Reaktion ist immer die, dass ich vor Angst und Schrecken zu keuchen beginne. Aber Chögyam Trungpa keuchte auch immer so, wenn er beschrieb, wie man den erwachten Geist erkennt. Wenn also jetzt eine Panikattacke einsetzt und ich zu keuchen anfange, stelle ich mir Chögyam Trungpas Gesicht vor und denke an sein Keuchen, wenn er über den erwachten Geist sprach. Dann geht die Energie der Panik durch mich durch.

Wenn Sie dieser Art von Panikenergie Widerstand entgegensetzen, und sei es auch nur auf unwillkürlicher, unbewusster Ebene, kann die Angst lange anhalten. Sie arbeiten damit, indem Sie die Story fallenlassen und sich auch nicht auf den Gedanken »Das ist nicht in

Ordnung« fixieren oder an ihn glauben, sondern stattdessen die Panik anlächeln, dieses schreckliche, bodenlose, klaffende Loch, das sich in der Tiefe Ihres Magens auftut. Wenn Sie die Angst anlächeln können, tritt ein Wandel ein: Das Ding, dem Sie gewöhnlich zu entkommen suchen, wird nun zum Vehikel des Erwachens zu Ihrem grundlegenden, uranfänglichen Gutsein, des Erwachens zur Klarheit des Geistes, zu einer Anteilnahme, die nichts zurückhält.

Die Vorstellung vom Krieger ist die einer Person, die sich in die fürchterlichsten Höllen begeben kann und vor der unmittelbaren Erfahrung von Grausamkeit und unvorstellbarem Schmerz nicht zurückschreckt. Das also ist unser Pfad: Auch in den schwierigsten Situationen tun wir unser Bestes, um der Angst, unserer selbstgerechten Empörung, unserer Feigheit, unserem Vermeiden von Verletzlichkeit mit einem Lächeln zu begegnen.

Traditionellerweise gibt es drei Wege, den Pfad des Kriegers zu betreten, drei Herangehensweisen an das Versprechen, anderen von Nutzen zu sein. Die erste ist die, es einem Herrscher – einem König oder einer Königin – gleichzutun. Sie bedeutet, dass wir unser eigenes Königreich zusammenhalten und uns dann auf der Grundlage dieser Stärke unserer Untertanen annehmen. Will heißen: »Ich arbeite an mir selbst und kriege mein eigenes Leben auf die Reihe, sodass ich anderen von Nutzen sein kann. In dem Maße, wie ich nicht mehr meinen Auslösern ausgeliefert bin, kann ich präsent bleiben und Herz und Geist offenhalten.« Uns leitet die Motivation, im Lauf der Jahre immer mehr für andere da zu sein.

Eltern erhalten ein gutes Training darin. Die meisten

Mütter und Väter sind bestrebt, ihren Kindern ein gutes Leben zu ermöglichen – frei von Aggression und Niederträchtigkeit. Aber dann ist da auch die Realität, dass Kinder uns außerordentlich wütend machen können. Und dass wir die Fassung verlieren und brüllen, dass wir gereizt, unvernünftig, unreif sind. Wenn wir die Diskrepanz zwischen unseren guten Absichten und unseren Handlungen sehen, motiviert uns das, mit unserem Geist und an unseren gewohnheitsmäßigen Reaktionen und unserer Ungeduld zu arbeiten. Es motiviert uns, unsere Auslöser besser zu kennen und aufs Ausagieren oder Unterdrücken zu verzichten. Wir arbeiten gern an uns, um geschicktere und liebevollere Eltern zu sein.

Auch Menschen, die in der Fürsorge und in Pflegeberufen tätig sind, bekommen beim Betreten des Pfades wie ein Herrscher ein gutes Training. Vielleicht möchten Sie mit obdachlosen Teenagern arbeiten, weil sie selbst einmal einer waren. Sie haben den starken Wunsch, im Leben dieser Menschen etwas zu bewirken – und wenn es sich auch nur um das einer einzigen Person handelt –, damit diese das Gefühl haben, dass jemand für sie da ist. Dann dauert es nicht lange, und das Benehmen dieser jungen Menschen bringt Sie derart auf, dass Sie alle Lust verlieren und nicht mehr für sie da sein können. An diesem Punkt wenden Sie sich zu Ihrer Unterstützung der Meditation oder dem ersten Versprechen zu, um für das, was immer sich ergibt, präsent und offen zu sein, einschließlich der Gefühle von Unzulänglichkeit, Unfähigkeit oder Scham.

Die nächste Herangehensweise an die Verpflichtung des Kriegers ist die Einstellung des Fährmanns. Wir überqueren den Fluss in Begleitung aller fühlenden

Wesen – wir öffnen uns gemeinsam für unsere wahre Natur. Das heißt, mein Schmerz wird zum Sprungbrett für das Verstehen des Schmerzes anderer. Statt dass uns unser eigenes Leiden noch selbstbezogener macht, wird es zum Mittel, durch das wir uns in echter Weise für das Leiden anderer öffnen.

Viele Menschen, die eine Krebserkrankung überlebt haben, erzählten mir, dass es diese Einstellung war, die ihnen die Stärke gab, das körperliche und psychische Elend der Chemotherapie durchzumachen. Sie konnten weder essen noch trinken, weil alles zu sehr schmerzte. Mund und Rachen waren wund. Sie waren dehydriert. Ihnen war schrecklich übel. Dann erhielten sie Anweisungen zur Tonglen-Praxis. Ihre Welt wurde größer und größer, als sie sich für all die anderen Menschen öffneten, die den gleichen körperlichen Schmerz wie sie erlitten, und auch die Einsamkeit, den Zorn und anderes emotionales Leid, das damit einhergeht. Ihr Schmerz wurde zum Sprungbrett für das Verstehen des Kummers und Leids anderer, die im gleichen Boot saßen.

Ich entsinne mich, dass eine Frau mir berichtete: »Es hätte nicht schlimmer sein können, also hatte ich kein Problem damit, einzuatmen und zu sagen: ›Da der Schmerz ohnehin schon da ist, werde ich ihn ganz und gar in mir aufnehmen mit dem Wunsch, dass kein anderer dies erleiden muss.‹ Und ich hatte kein Problem damit, Erleichterung und Befreiung auszusenden.« Es sei nicht so, dass die Übelkeit verschwinde und du plötzlich essen und trinken könntest, sagte sie. Aber die Praxis gibt deinem Leiden einen Sinn. Deine Einstellung verändert sich. Das Gefühl des Widerstands gegen den

Schmerz, das Gefühl völliger Hilflosigkeit und die Hoffnungslosigkeit verschwinden.

Eine schreckliche Situation lässt sich nicht schön malen. Aber wir können den damit verbundenen Schmerz nutzen, um unsere Gleichheit mit anderen Menschen zu erkennen. Warum mache ich denn, so heißt es bei Shantideva, ein so großes Aufheben von mir – da alle fühlenden Wesen unter heftigen, widersprüchlichen Emotionen leiden, da sie leiden und bekommen, was sie nicht wollen, und an dem, was sie wollen, nicht festhalten können? Da wir alle gemeinsam darin stecken, warum mache ich um mich so ein Gewese? Die Haltung des Fährmanns ist die, dass das, was uns gemeinhin niederschlägt und in uns selbst verkriechen lässt, das Sprungbrett zur Erweckung unseres Mitgefühls ist und dafür, dass wir mit dem weiten, unvoreingenommenen Geist des Kriegers in Kontakt kommen.

Die dritte Herangehensweise ist die des Hirten oder der Hirtin, deren Herde immer an erster Stelle steht. Das ist der Großvater mit den Kröten oder der Pilot des im Wasser versinkenden Flugzeugs. Es ist die Geschichte des Feuerwehrmanns, der in ein brennendes Gebäude geht, oder des Vaters, der sein Leben riskiert, um sein Kind zu retten. Der Hirte oder die Hirtin stellen automatisch andere über sich selbst.

Fast jedermann nimmt an, die Herangehensweise an die Verpflichtung des Kriegers sollte die sein, dass man die anderen an die erste Stelle setzt. Und wenn wir dem nicht vollkommen gerecht werden, üben wir Selbstkritik. Jedoch ist keine Herangehensweise an das Betreten des Pfades besser als die andere. Man kann vielleicht sagen, dass wir uns in die Richtung der Einstellung des Hirten oder der Hirtin entwickeln, aber das ist dann eine natürliche Entwicklung. Die anderen beiden Herangehensweisen sind nicht weniger gut. Wichtig ist, hier darzulegen, dass alle drei Wege bewundernswerte, wunderschöne, beifallswürdige Annäherungen sind, die Verpflichtung des Kriegers einzugehen.

In der Praxis ist es so, dass die meisten sich aller drei Herangehensweisen bedienen. Sie kennen wahrscheinlich viele Fälle in Ihrem Leben, bei denen Sie im Bestreben, für andere präsent und von Nutzen zu sein, an sich gearbeitet haben. Und dann gibt es Zeiten, in denen Ihr Kummer Sie mit dem Kummer anderer verbunden hat; in denen Ihre Trauer oder Ihr körperlicher Schmerz ein Katalysator für das Würdigen dessen waren, was eine andere Person durchmachte. Es gibt auch Fälle, in denen Sie ganz spontan anderen den Vorrang geben.

Kaltherzigkeit und Engstirnigkeit sind keine Gewohnheiten, die wir bestärken wollen. Sie nähren nicht die Neigung zum Erwachen – tatsächlich sorgen sie dafür, dass wir weiterhin festsitzen. Wir gehen also die Verpflichtung des Kriegers ein – geben das Versprechen, füreinander zu sorgen – und tun dann unser Bestes, nie jemandem unseren Rücken zuzukehren. Und wenn wir straucheln, erneuern wir unsere Versprechen und gehen weiter im Wissen, dass selbst den Erwachten vergangener Zeiten das Gefühl des Rückfalls nicht fremd war. Wie sonst hätten sie eine Ahnung davon haben können, was andere Wesen durchmachen? Wie sonst hätten sie Geduld und Vergebung, liebende Zuwendung und Mitgefühl kultivieren können?

Das 3. Versprechen

Das Versprechen, die Welt anzunehmen, so wie sie ist

Chaos sollte als eine außerordentlich gute Nachricht angesehen werden.

CHÖGYAM TRUNGPA RINPOCHE

9 ~ Kein Ort, sich zu verstecken, nirgends

Mit dem dritten Versprechen treten wir ganz und gar in die Bodenlosigkeit ein, entspannen wir uns in die sich ständig verändernde Natur unserer Situation und erfahren sie als erwachte Energie, als die Manifestation grundlegenden Gutseins. Das ist in gewisser Hinsicht nichts Neues. Es ist das, was wir schon die ganze Zeit trainiert haben. Aber auf der Erfahrungsebene ist es ein großer Sprung nach vorn und richtet uns auf einen größeren Wandel im Bewusstsein aus. Wir nehmen das, was wir aus den früheren Versprechen und Verpflichtungen integriert haben, vor allem, dass wir mit offenem Herzen vollkommen präsent sind, und erhöhen den Einsatz. Hier liegt die Betonung auf *vollkommen,* und die Anforderung, dieses *vollkommen präsent* in die Praxis umzusetzen, ist sehr viel größer. Das übt einen beträchtlichen Druck auf die Gewohnheit aus, mit sich selbst beschäftigt zu sein und sich ans Ego zu klammern. Das Gefühl, sich nirgendwo verstecken zu können, kann sehr heftig sein.

Einmal hatte ich mehrere Monate damit verbracht, dies so beständig wie nur irgend möglich zu praktizieren, und beklagte mich bei Chögyam Trungpa, dass ich das Gefühl hatte, gleich aus der Haut zu fahren. Mich ärgerten schon winzige Staubflecken, und ich war ständig drauf und dran, die Leute anzublaffen. Seine Antwort war, dies käme daher, dass die Praxis geistige Gesundheit erfordere und bedinge, dass ich erwachsen würde, und daran war ich noch nicht gewöhnt.

Das dritte Versprechen, traditionellerweise als »Samaya-Gelübde« bekannt, ist das Versprechen, die Welt so zu akzeptieren, wie sie ist. Das tibetische Wort *samaya* bedeutet »heiliges Gelübde« oder »bindendes Gelübde«. Es impliziert, dass wir mit unserer gesamten Erfahrung zusammenkommen, es bedeutet eine unerschütterliche Bindung ans Leben. Mit dem Abgeben dieses Versprechens akzeptieren wir, dass wir an die Realität gebunden sind, an alles, was wir in jedem Augenblick wahrnehmen. Es gibt keine Möglichkeit, von dieser Erfahrung wegzukommen, irgendwo anders hinzugehen; wir können nur genau da sein, wo wir gerade sind. Wir ergeben uns dem Leben. Wir geben nach und machen es uns bequem mit all den Anblicken, Klängen, Gerüchen, Geschmäckern, Gedanken und Leuten, denen wir begegnen. Es ist das Versprechen, nichts zurückzuweisen. Die Worte des tibetisch buddhistischen Meisters Dilgo Khyentse bringen das sehr klar zum Ausdruck:

> *Die alltägliche Praxis ist einfach die, gegenüber allen Situationen und allen Menschen vollständige Akzeptanz und Offenheit zu entwickeln und alles voll umfassend, ohne mentale Vorbehalte und Blockaden, wahrzunehmen und zu erfahren, sodass man sich nie in den Mittelpunkt stellt oder sich in sich selbst zurückzieht.*

Die mit dem dritten Versprechen verbundene Einstellung besagt, dass wir in einer Welt leben, die an sich gut, an sich erwacht ist, und dass unser Pfad der ist, dies zu erkennen. Einfach ausgedrückt ist unsere Praxis in diesem Stadium die, dass wir uns unserer Erfahrung in ihrer Gesamtheit zuwenden und uns nie davon abwenden.

Zunächst leben Sie weiterhin gemäß der anderen Versprechen. Sie praktizieren Achtsamkeit, kommen immer wieder genau dahin zurück, wo Sie gerade sind, und auf das, was Sie gerade erfahren: Füße auf dem Boden, die Knie tun weh, warmes Wasser fließt über die Hände, die beißend kalte Winterluft schmerzt in den Augen, das Geräusch von Hämmern, der Geruch von Kaffee.

Dann fügen Sie alldem tiefe Wertschätzung für jeden dieser einzigartigen und kostbaren Augenblicke hinzu. Sie wünschen sich vielleicht, dass die Handwerker endlich mit dem Hämmern aufhören – sie haben schon den ganzen Tag gehämmert, jeden Tag, einen Monat lang, und Sie haben es wirklich satt. Aber es wird vorübergehen. Und wenn Sie ein Jahr später darauf zurückblicken, wird es Ihnen so vorkommen, als sei das Gehämmere mit einem Fingerschnippen vorbei gewesen. Das Hämmern zu hören ist eine flüchtige vergängliche Erfahrung, und jeder Augenblick, in dem der Hammer auftrifft, ist ein einmaliger Moment. Sie werden nie wieder genau denselben Klang hören.

Egal, wie sehr die Geräusche Sie verärgern, jeder Klang ist Ihre Aufmerksamkeit wert. Wenn Sie ihm mit Wertschätzung lauschen, zieht er Sie allmählich aus Ihrem Ich heraus, aus der kleinen auf das Ego bezogenen Welt, in der es immer nur um das eigene Selbst geht. Wenn Sie diese echte Verbindung mit sich und der Welt herstellen, begegnen Sie vielleicht nach und nach der Wachheit. Plötzlich haben Sie das Gefühl, sich in einer unendlich offenen Weite mit unbegrenztem Atemraum zu befinden. Es ist, als wären Sie aus einem kleinen, dunklen, muffigen Zelt herausgetreten und befänden sich plötzlich am Rande des Grand Canyon. Das ist der Ort des bloßen einfachen Seins. Es ist kein »anderweltlicher«, ätherischer Ort. Sie haben nicht die normalen gewöhnlichen Details Ihres Lebens transzendiert, ganz im Gegenteil. Sie sind endlich mit ihnen hundertprozentig in Kontakt gekommen, und sie wurden zur Pforte zur heiligen Welt, wie man sie in der Tradition des Vajrayana nennt. Heilig nicht im Sinne von religiös oder sakrosankt, sondern im Sinne von kostbar, selten, flüchtig, grundlegend authentisch und gut.

Es gibt ein paar Verse von Chögyam Trungpa, die das Aussehen einer solchen Welt schildern. Einer beginnt mit der Beschreibung des Sehens als einer Pforte zur heiligen Welt:

Was immer mit den Augen gesehen wird, ist in der Leerheit eindeutig unwirklich, und dennoch ist da Form.

»In der Leerheit eindeutig unwirklich« bezieht sich auf die normale Alltagswelt, frei von Konzepten, frei von Etikettierungen, in all ihrem strahlenden Glanz klar wahrnehmbar, aber nie ganz greifbar. Und dann heißt es: »… und dennoch ist da Form.« Leerheit und Form sind auf ewig untrennbar. Was wir sehen – unsere Wahrnehmung von ganz normalen, gewöhnlichen Anblicken –, ist die Form, die Manifestation der Leerheit, von erwachter Energie. Vom Augenblick unseres Erwachens am Morgen bis zum Augenblick, in dem wir einschlafen – und selbst in unseren Träumen –, findet beständig und unaufhörlich Manifestation statt. Wir haben stets die Gelegenheit, uns mit Hilfe unseres Sehens mit der Kostbarkeit dieser heiligen Welt zu verbinden.

Leerheit ist keine bloße Leere, kein leerer Raum, in dem nichts passiert. Im Kern geht es darum zu entdecken, dass sich die grundlegende Gutheit – die Erwachtheit, die Istheit, die Jetztheit der Dinge – nicht durch das Transzendieren der normalen Realität ereignet. Sie entsteht durch das Wertschätzen einfacher Erfahrungen frei von Geschichten, frei von unseren Storys. Wenn wir ein rotes Auto mit einer eingebeulten Tür sehen, wenn wir Hitze oder Kälte empfinden, etwas Weiches oder Hartes fühlen, wenn wir eine Pflaume schmecken oder verrottende Blätter riechen – solche einfachen unmittelbaren Wahrnehmungen und Erfahrungen bilden unseren Kontakt zur grundlegenden Wachheit, zur grundlegenden Gutheit, zur heiligen Welt. Nur wenn wir mit unserer relativen Erfahrung voll und ganz in Kontakt sind, entdecken wir die frische, zeitlose, letztendliche Natur unserer Welt.

In den frühen Siebzigerjahren stand einmal ein Schüler bei einem Vortrag von Chögyam Trungpa auf und verlangte von ihm zu wissen, was Erleuchtung sei. Ich werde seine Antwort nie vergessen. »Erleuchtung ist«, sagte er, »wie wenn man zum ersten Mal ein Horn hört oder zum ersten Mal Tabak riecht.« Das ist die Sichtweise, die hinter dieser Belehrung über das dritte Versprechen steht. Wenn wir uns vor unseren Erfahrungen verstecken oder sie als unbedeutend abtun, gehen wir einer Chance verlustig, zur Erleuchtung zu gelangen.

Im Vers heißt es dann weiter:

Was immer mit den Ohren gehört wird,
ist das Echo der Leerheit, und doch ist es real.

Auch das Hören bildet, neben unseren anderen Sinneswahrnehmungen, eine Pforte zur heiligen Welt. Was immer wir hören, ist ein Echo, der Klang der Leerheit, von erwachter Energie, ungreifbar, aber hörbar. Es ist auch »die klare, deutliche Äußerung des Gurus«: die Stimme des Lehrers. Wenn jemand mit uns spricht, so ist dies – auch wenn uns das, was er sagt, nicht gefällt – nicht einfach irgendein Schwachkopf, der irgendwas schwafelt. Es ist die Stimme des Lehrers, der Klang der Leerheit, der erwachten Energie, die sich manifestiert. Wenn draußen vor dem Fenster eine Krähe mit ihrem Gekrächze unser Trommelfell malträtiert, ist das der Klang von erwachter Energie, die Stimme des Lehrers, die uns aufweckt.

Es gibt nichts unter dem, was wir sehen oder hören, das nicht eine Manifestation von erleuchteter Energie, nicht eine Pforte zur heiligen Welt ist. Das ist die Sichtweise des dritten Versprechens. Das ist die Sicht, der wir uns verpflichten, wenn wir geloben, die Welt zu akzeptieren, so wie sie ist. Wir geloben, uns selbst und unsere Welt wertzuschätzen. Wir geloben, uns hin- und nie abzuwenden.

Normalerweise projizieren wir ständig unsere Vorlieben auf alles, was sich manifestiert. Alles verbindet sich mit unseren gemischten Gefühlen – unseren persönlichen Präferenzen, unserem kulturellem Gepäck – sowie auch einer Menge *shenpa*. Wie Chögyam Trungpa sagte: »Es ist wie das Aussprechen des Wortes ›Haferbrei‹. Manche Leute mögen ihn, und manche verabscheuen ihn. Dennoch bleibt Haferbrei Haferbrei.«

Wenn wir im Winter auf den Schnee draußen vor dem Fenster blicken, können wir seine Farbe sehen; wir sehen, wie er fällt, wie er sich auf dem Boden und auf Autos und Baumzweigen ansammelt, wie er Haufen der verschiedensten Formen bildet. Wir können seine Kristalle im Sonnenlicht funkeln und das Blauweiß seiner Schatten sehen. Wir könnten Schnee als Schnee sehen, ohne irgendetwas Zusätzliches hinzuzufügen. Unsere Sicht wird aber von unseren emotionalen Reaktionen vernebelt. Wir mögen, was wir sehen, oder wir mögen es nicht. Es macht uns glücklich, oder es macht uns traurig. Es ängstigt oder ärgert uns, weil wir erst den Schnee wegschaufeln müssen, bevor wir zur Arbeit gehen, und ohnehin schon spät dran sind.

Auch bei gemischten Gefühlen gibt es Intensitätsgrade. Wir können den Schnee mögen und klammern, *shenpa* walten lassen (»Ich hoffe wirklich, dass er liegen bleibt, damit wir dieses Wochenende Ski fahren können«), wir können ihn aber auch ohne *shenpa* mögen und nicht klammern. Wir können ihn mit *shenpa*, mit selbstgerechter Empörung, *nicht* mögen (»Wie kann es ausgerechnet am Tag meiner großen Party schneien!«), wir können ihn aber auch ohne *shenpa*, ohne emotionale Anhaftung, *nicht* mögen. Egal, welche Gefühle wir gegenüber dem Schnee hegen, er bleibt dennoch Schnee, so wie er ist: sich manifestierende erwachte Energie. Man kann ihn frei von einer Story ansehen.

Chögyam Trungpas Verse besagen des Weiteren:

Gut oder schlecht, glücklich oder traurig, alle Gedanken verschwinden in die Leerheit wie die Spur eines Vogels am Himmel.

Was immer in unserem Geist vor sich geht – Rachegedanken, wie man das Finanzamt austrickst oder was wir zu tun gedenken, wenn dieses Treffen vorbei ist, spirituelle Gedanken, aggressive Gedanken, angsterfüllte Gedanken, fröhliche Gedanken –, was immer sich hier ereignet, ist die Manifestation von Leerheit, die Manifestation des erleuchteten Geistes. Der Weg zum unerschütterlichen Wohlbefinden findet sich darin, dass wir für alle Anblicke, alle Klänge, alle Gedanken vollkommen offen und präsent sind – uns nie zurückziehen, nie verstecken, sie nie aufmotzen oder herunterdimmen müssen.

Diesen Gedanken zu begreifen ist fraglos knifflig. Deshalb üben wir uns in den ersten beiden Versprechen. Trainieren wir mit den Bausteinen des Verzichtens darauf, dass wir anderen mit unserem Reden oder Handeln schaden und Herz und Geist vor irgendjemandem verschließen. Wir brauchen ein tiefgehendes Training, um an den Ort zu gelangen, wo alles zum Pfad des Erwachens wird.

Ein großer Teil des Trainings in den ersten beiden Versprechen bedeutet das Minimieren unserer Neigung, allen unseren Wahrnehmungen unsere Etiketten und festen Vorstellungen, unsere Ansichten und Meinungen anzuheften. Mit dem dritten Versprechen gehen wir noch einen Schritt weiter. Es ist nicht so, dass wir keine Ansichten und Meinungen über Haferbrei oder Schnee – oder irgendetwas anderes, was das angeht – haben sollen. Wir klammern uns nur nicht daran. Stattdessen probieren wir sie an, haben Spaß mit ihnen so wie ein Schauspieler oder eine Schauspielerin in einem Stück. Wir können mit dem Leben tanzen, wenn es sich wie eine wilde, völlig außer Kontrolle geratene Party ausnimmt, und wir können mit ihm auch tanzen, wenn es zärtlich wie ein Liebhaber ist. Wir arbeiten mit dem, was immer wir haben, mit wem immer wir beisammen sind, hier und jetzt.

Bei diesem Versprechen geht es darum, sich auf die Einfachheit des Lebens einzulassen, mit dem Leben, so wie es kommt, ohne Schnickschnack. Wir fangen an, unsere Ansichten und Meinungen – auch die, in denen sehr viel Hitze steckt – als unsere Ansichten und Meinungen zu betrachten, nicht mehr und nicht weniger. Schnee bleibt Schnee. Haferbrei bleibt Haferbrei, gleich, ob wir ihn für den Rest unseres Lebens nie wieder aufgetischt kriegen wollen oder derart versessen auf ihn sind, dass wir eine Gesundheitsfarm eröffnen, wo er Bestandteil jeder Mahlzeit ist.

Schauen wir uns ein anderes Beispiel an: das Rauchen. Manche halten das Rauchen für etwas Schlechtes, die schlimmste Sache auf dem ganzen Planeten. Andere rauchen von Herzen gern und haben das Gefühl, dass all die ihnen auferlegten Restriktionen eine Missachtung ihrer Person bedeuten. Trotzdem bleibt das Rauchen Rauchen. Sie lesen das und denken vielleicht, dass Sie nicht sicher sind, ob Sie sich dieser Sichtweise anschließen können – jedermann *weiß* schließlich, dass das Rauchen von Zigaretten die Gesundheit gefährdet, und schau, hier ist eine 570 Seiten lange Studie über Lungenkrebs und die Auswirkungen von Passivrauchen. Aber sehen Sie sich die Vehemenz an, mit der Sie gegen den Gedanken sind, dass Rauchen nichts weiter als Rauchen ist, oder die Vehemenz, mit der Sie diesen Gedanken unterstützen. Das Rauchen an sich mag weder gut noch schlecht sein, aber es wirbelt mit Sicherheit eine Menge *shenpa* auf.

Alle Kriege, aller Hass, alle Unwissenheit auf der Welt rühren daher, dass wir so viel in unsere Meinungen investiert haben. Und unterm Strich gesehen stellen diese Meinungen nur unser Bemühen dar, dem zugrunde liegenden Unbehagen zu entfliehen, das sich mit der menschlichen Existenz verbindet, dem unbehaglichen Gefühl etwa, dass wir keinen Boden unter die Füße bekommen können. Daher halten wir an unseren fixen Vorstellungen fest, dass dies oder jenes *so ist,* und diskreditieren alle gegenteiligen Anschauungen. Aber stellen Sie sich mal vor, wie unsere Welt aussähe, wenn wir dahin gelangten, unsere Vorlieben und Abneigungen bloß als Vorlieben und Abneigungen, und das, was wir für absolut wahr halten, bloß als unsere persönliche Ansicht zu betrachten.

Das dritte Versprechen ist nicht zukunftsorientiert. Hier geht es darum, völlig offen zu sein für das, was im Moment daherkommt. Dieses Versprechen bedeutet, dass wir uns in unsere unmittelbare Erfahrung hineinlehnen, unsere unmittelbare Erfahrung wertschätzen, mit unserer unmittelbaren Erfahrung eins sind und unsere Sinneswahrnehmungen nicht mit unseren Konzepten, unseren inneren Dialogen, unserer Interpretation des Geschehens einfärben. Wenn wir uns unbehaglich fühlen, neigen wir dazu, dass wir sehr dogmatisch sind, uns an unsere Ansichten klammern und versuchen, die Beunruhigung und Nervosität loszuwerden. Aber man kann auch anders mit diesen Gefühlen umgehen, bei ihnen präsent bleiben und die Verpflichtung zur geistigen Gesundheit erneuern. Das dritte Versprechen erfordert ein tiefgehendes Training darin, dass wir mit ungeheurem Mitgefühl Zeuge unser selbst sind. Wir sind Zeuge unser selbst, beobachten uns selbst, wenn wir uns auf feste Vorstellungen zurückziehen, auf eine festgelegte Identität, und uns ans Ego klammern, wenn wir das Leben zu unseren Bedingungen haben wollen – alles, um der grundlegenden Ungewissheit menschlicher Existenz zu entfliehen. Das dritte Versprechen lässt uns dahin gelangen, dass wir uns mit Freundlichkeit und ungeheurer Ehrlichkeit selbst kennenlernen. Das bedeutet, dass das Freundschaftschließen mit uns selbst zu einer tieferen Ebene vordringt.

Das Versprechen, die Welt zu akzeptieren und willkommen zu heißen, führt auch dazu, dass wir unseren Glauben an eine festgelegte Identität weiter infrage stellen. Der Chan-Meister Sheng Yen schrieb in einem kurz vor seinem Tod verfassten Gedicht: »Es gibt kein Ich an sich. Befreit so von Leben und Tod.« Am Ende des Lebens wird klar, dass es keine festgelegte Identität gibt, dass, was diesen speziellen Körper, diese spezielle Identität angeht, wir sie hinter uns lassen werden. Aber das wirft die Frage auf: Wenn es kein Ich an sich gibt, wer fühlt dann all diese Lust und diesen Schmerz? In Meister Shengs Todesgedicht heißt es weiter: »In der Leerheit, lächelnd, weinend.« Er schrieb nicht: »In der Leerheit, sich nicht auf das Leben einlassend.«

Aber eine volle Einlassung auf das Leben ist nur dann möglich, wenn das von Angst erfüllte »Ich« nicht am Leben zieht und zerrt, darüber ausflippt und nach ihm grapscht. Wenn wir weniger mit uns selbst beschäftigt sind, lassen wir uns umfassender auf unser Dasein ein. In dem Maße, wie unser Bündnis mit unserem kleinen egozentrischen Ich abnimmt, mit einer fixen Vorstellung davon, wer wir sind oder was wir zu tun vermögen, haben wir auch immer weniger Angst, die Welt anzunehmen, so wie sie ist. Wie Leonard Cohen einmal über die Vorteile sagte, die viele Jahre Meditationspraxis mit sich bringen: »Je weniger von mir da war, desto glücklicher wurde ich.«

Der *Wunsch* allein, dieses starre, festgelegte Ich loszulassen, bringt uns allerdings nicht dorthin. Das ist etwas, wozu wir uns mit jeder Geste, jedem Wort, jeder Tat, jedem Gedanken geneigt machen. Entweder gehen wir in die Richtung, loszulassen und diese Fähigkeit zu stärken, oder wir gehen in die Richtung festzuhalten und diese auf Angst gegründete Gewohnheit zu bestärken. Wir können die Realität wählen – dabeibleiben, hier sein, erscheinen, offen sein, sich den Anblicken und Klängen und den unseren Geist durchziehenden Gedanken zuwenden –, oder wir können die Entscheidung treffen, dass wir uns abwenden. Aber wenn wir uns abwenden, können wir ziemlich fest damit rechnen, dass wir in den immer selben alten Leidensmustern feststecken und der Erfahrung von Wachheit, der Erfahrung der Heiligkeit unserer Existenz, nie näherkommen werden.

Der tibetische Lehrer Anam Thubten hielt einmal einen Vortrag mit dem Titel »Sich in die Leerheit verlieben«. Dies erfasst das Gefühl des dritten Versprechens: sich in die menschliche Bedingtheit verlieben und sich nicht in zwei Aspekte aufspalten, wobei der sogenannte gute Aspekt den sogenannten schlechten Aspekt verurteilt und der schlechte Aspekt den guten Aspekt zu untergraben trachtet. Wir versuchen nicht, einen Teil von uns zu kultivieren und den anderen loszuwerden. Wir trainieren, für alles offen zu sein.

Bei seinem Vortrag sagte Anam Thubten, dass wir uns, um uns in die Leerheit verlieben zu können, eine wichtige Frage stellen müssen: »Bin ich bereit, alles loszulassen?« Bin ich bereit, alles loszulassen, was eine Schranke zwischen mir und anderen bildet, eine Schranke zwischen mir und der Welt? Das ist die Frage, die Sie sich stellen müssen, bevor Sie uneingeschränkt das Versprechen abgeben können, die Welt bereitwillig zu akzeptieren. Sie müssen aber keine harte Kritik an sich üben, wenn Ihre Antwort am einen Tag ein »Ja« aus ganzem Herzen ist und am anderen Tag »Das ist zu schwierig« lautet. Traditionellerweise heißt es, dass das Einhalten dieses Versprechens so ist, als wolle man den Staub daran hindern, sich auf einen Spiegel zu legen. Wie das Gelübde des Kriegers wird auch dieses hier leicht gebrochen. Wir können es jedoch ganz einfach wiederherstellen, indem wir uns erneut darauf verpflichten, dem Leben gegenüber offenzubleiben.

Das Leben jeder Person gleicht einem Mandala – einem unendlich weiten, grenzenlosen Kreis. Wir stehen in der Mitte unseres eigenen Kreises, und alles, was wir sehen, hören und denken, bildet das Mandala unseres Lebens. Wir betreten ein Zimmer, und das Zimmer ist unser Mandala. Wir steigen in die U-Bahn, und der

U-Bahn-Wagen ist unser Mandala – bis hin zur Jugendlichen, die auf ihrem Smartphone Nachrichten checkt, und dem Obdachlosen, der zusammengesunken in der Ecke hockt. Wir gehen zum Wandern in die Berge, und alles, so weit wir blicken können, ist unser Mandala: die Wolken, die Bäume, der Schnee auf den Gipfeln und auch die Klapperschlange, die zusammengerollt auf dem Weg liegt. Wir liegen in einem Krankenhausbett, und das Krankenhaus ist unser Mandala. Wir richten uns das nicht so ein; wir können nicht darüber entscheiden, wer oder was darin auftaucht. Es ist, wie Chögyam Trungpa sagte, »das Mandala, das nie angeordnet wird, aber immer vollständig ist«. Und wir nehmen es bereitwillig an, so wie es ist.

Alles, was sich in Ihrem Mandala zeigt, ist ein Vehikel für Ihr Erwachen. So gesehen befindet sich das Erwachen ständig in Ihrer Reichweite. Es gibt keinen Regentropfen und kein Hundehäufchen, das in Ihrem Leben in Erscheinung tritt und nicht die Manifestation erleuchteter Energie, nicht eine Pforte zur heiligen Welt ist. Aber es liegt an Ihnen, ob Ihr Leben ein Mandala der Neurose oder ein Mandala geistiger Gesundheit ist.

Der Schmerz unseres verwirrten Geistes und der Glanz unseres erwachten Geistes machen das Mandala unseres Lebens aus. Ein Umfeld, in dem Geburt und Tod, Depression und Freude nebeneinander existieren können. Kein Problem. Die Schönheit, die Freundlichkeit, die hohe Gesinnung, die Exzellenz, das Herzzerbrechen, die Grausamkeit, die Ignoranz – wir können alles bereitwillig annehmen. Wir müssen nichts davon meiden. Selbst schwierige Emotionen wie Wut, Begehren, Unwissenheit, Eifersucht und Stolz sind Teil unseres Mandalas, und wir können sie willkommen heißen.

Was immer in unseren nächtlichen Träumen erscheint, in unserem Leben im Wachzustand – in unserem Mandala – ist eindeutig unwirklich, und doch ist es alles, was es gibt. Wir können es »Gift« nennen; wir können es »Weisheit« nennen. In beiden Fällen liegt es an uns, ob wir damit arbeiten oder wegzurennen versuchen. Das dritte Versprechen lädt uns ein, das Mandala unseres Lebens zu unserem Verbündeten zu machen und zum Geburtsort unserer Erleuchtung.

Der Zen-Meister Dogen sagte: »Das Selbst zu kennen heißt, das Selbst zu vergessen. Das Selbst zu vergessen heißt, durch alle Dinge erleuchtet zu werden.« Die einzige Möglichkeit, das Selbst zu vergessen – zu erkennen, dass es kein immanentes unveränderliches Selbst gibt –, besteht in der Kenntnis des Selbst. Wir müssen uns selbst voll und ganz kennen, dürfen nichts meiden, nie unseren Blick abwenden. Wir müssen neugierig sein auf dieses Ding namens »mein Leben«, neugierig auf diese Persönlichkeit namens »Ich«. Mit dem Versprechen, die Welt bereitwillig zu akzeptieren, gehen wir nahe heran und forschen nach.

Die letzten Worte der Belehrung Dogens lauten: »Das Selbst zu vergessen heißt, durch alle Dinge erleuchtet zu werden.« Mit dieser Verpflichtung geloben wir, uns nicht selbst im Weg zu stehen; wir geloben, nicht darauf zu bestehen, dass die Dinge so sein müssen, wie wir sie haben wollen; und dass wir nicht mehr darauf beharren, dass dieses »So wie wir sie haben wollen« ihrer Wirklichkeit entspricht. Um das Selbst vergessen zu können, müssen wir erst unser *shenpa*, unsere Neigungen, unsere Ausflüchte und Auswege wirklich gut kennen – und dann bereit sein, sie aufzugeben. Wir müssen bereit sein, unsere Faulheit zu überwinden, die uns immer wieder in denselben Haken beißen lässt, so als spielte es keine Rolle. Wir müssen bereit sein, auf unsere Weisheit zu hören, statt roboterhaft unseren routinemäßigen Mustern zu folgen. Wir müssen bereit sein, angsterregende Gefühle zum längeren Verweilen einzuladen, sodass wir sie in aller Tiefe erkennen und ausloten können. Wir müssen bereit sein, den Gedanken zu hegen, dass wir im Grunde geistig gesund, im Grunde gut sind und das Potenzial haben, vollkommen und überaus wach zu sein.

Wenn wir dann nicht mehr vom Selbst verführt werden, sagt Dogen, werden wir durch alles erleuchtet. Das ist die Erfahrung des dritten Versprechens: das Leben als erleuchtetes Mandala, das uns immer ermuntert, wach zu sein, lebendig zu sein, völlig präsent zu sein, mehr entgegenkommend und für andere mehr verfügbar.

Bei dem Versprechen, keinen Schaden zuzufügen, wird uns sehr genau gesagt, was wir kultivieren und worauf wir verzichten sollen. Es gibt eine Liste von sogenannten tugendhaften oder heilsamen und eine Liste von sogenannten untugendhaften oder unheilsamen Handlungen. Wir lügen nicht; stattdessen sind wir aufrichtig. Wir stehlen nicht; stattdessen sind wir großzügig. Und so weiter. Doch beim dritten Versprechen müssen wir selbst herausfinden, wie wir vorgehen. Es gibt keine Anweisungen. Wir können uns an nichts festhalten. Wir müssen selbst entscheiden, was uns innere Stärke verleiht, was unsere Verwirrtheit minimiert, was uns hilft, nicht mehr festzusitzen und weiterzukommen, was uns dem Erfahren des Lebens ohne damit verbundene Story näherbringt. Und dann verzichten wir auf alles, was gegenwärtig zu überwältigend für uns ist – alles, womit uns zu befassen wir noch nicht bereit sind. Aber immer geht unser Bestreben dahin, dass wir an den Punkt gelangen, wo es nichts gibt, womit wir nicht umgehen, nichts, womit wir nicht arbeiten können. Bis dahin bewegen wir uns einfach in Richtung Klarheit, sind mehr und mehr fähig, *shenpa* als *shenpa*, am Haken zu hängen als am Haken zu hängen, Ansichten und Meinungen einfach nur als Ansichten und Meinungen zu erkennen.

Der Schlüssel zur Einhaltung dieses Versprechens liegt darin, dass wir uns ehrlich eingestehen, was wir im Moment bewältigen können und was nicht. Wenn Sie zum Beispiel gerade versuchen, von Ihrer Drogenabhängigkeit zu genesen, pflegen Sie keinen Umgang mit Ihrem alten Drogendealer. Wenn Sie versuchen, sich von Ihrer Alkoholabhängigkeit zu befreien, hocken Sie nicht in Bars herum. Aber im Gegensatz zum ersten Versprechen gibt es hier keine Liste von Dingen, die man tut und nicht tut, nichts, was sagt: »Geh in keine Bars.« Sollte es eine Liste geben, dann ist es eine, die Sie selbst aufgestellt haben – eine Liste, die darauf hinweist, wo Sie sich gegenwärtig befinden. Sie sind nicht darauf aus, diese Dinge für den Rest Ihres Lebens zu meiden. Wenn Sie zum Beispiel ein genesender Alkoholiker sind, würden Sie wahrscheinlich gern an den Punkt gelangen, wo Ihre Genesung so verlässlich ist, dass Sie anderen noch in der Sucht gefangenen Leuten helfen können. Um dazu fähig zu sein, werden Sie sich vielleicht gelegentlich in einer Bar wiederfinden. Doch wenn Sie sich dort nach zwanzig Minuten sagen: »Um dieser Person wirklich helfen zu können, sollte ich vielleicht nur einen einzigen kleinen Drink zu mir nehmen«, dann machen Sie sich etwas vor.

Wir müssen solche Dinge selbst entscheiden. Auf der Ebene des dritten Versprechens sind die Entscheidungen persönlicher, individueller Natur. Vielleicht wünschen wir uns, dass es eine Liste gäbe, die uns sagt, was wir tun und was wir unterlassen sollen, aber es gibt keine. Die Verantwortung liegt bei uns.

Zusammengenommen formen die Drei Versprechen die Ausbildung und Erziehung des Kriegers. Wir trainieren geduldig auf dem Pfad des Kriegers und wenden uns nie von unseren Erfahrungen ab. Und wenn wir uns abwenden, dann auf der Grundlage dessen, dass wir unterscheiden zwischen einem Abwenden, weil wir wissen, dass wir im Moment mit etwas nicht umgehen können, und einem Abwenden, weil wir nicht fühlen wollen, was wir fühlen, weil wir unsere Verletzlichkeit nicht spüren wollen. Dieses Unterscheidungsvermögen entwickeln wir aber nicht mit einem Mal. Dahin gelangen wir mit Herz und Geist arbeitend – Zentimeter um Zentimeter, Augenblick um Augenblick, Schritt um Schritt.

Oft werde ich gefragt: »Wie weiß ich, ob ich auf etwas verzichten oder auf etwas zugehen soll?« Meine Antwort lautet in diesem Fall: Praktiziere einfach, was jeweils ganz natürlich auf dich zukommt. Wenn das erste Versprechen, sich zu enthalten oder zu verzichten, das hilfreichste zu sein scheint, mach das. Aber wenn du das Gefühl hast, dass du gegenüber einem anderen, der dich verärgert hat oder Ungeduld in dir auslöst,

Herz und Geist noch ein bisschen länger offenhalten kannst, dann folge deinem Instinkt und tu das. Und da du imstande warst, in dieser Situation noch ein bisschen länger offenzubleiben, bekommst du vielleicht aufgrund dessen eine gewisse Ahnung, was es bedeuten würde, sich überhaupt nicht abzuwenden.

Wenn wir dann mit unseren Erfahrungen auf tiefere Ebenen gelangen, werden wir allmählich fähig, frei zu sprechen und zu handeln, im vollen Vertrauen darauf, dass wir keinen Schaden zufügen werden. Aber ohne Selbstgewahrsein – ohne zu wissen, wann wir am Haken hängen, ohne Bewusstsein davon, ob unser Herz und Geist offen oder verschlossen sind – werden wir fast mit Sicherheit Verwirrung und Schmerz schaffen. Mit diesem Versprechen verbinden wir die Absicht, uns für alles, was entsteht, vollkommen zu öffnen; genau den Ort, wo wir uns befinden, als heiligen Grund zu erleben. Ein verwirrter Geist nimmt die Welt als verwirrt wahr. Aber der freie, nicht festgelegte Geist nimmt die Welt als ein reines Land, als ein Mandala des Erwachens wahr.

Was heute auf der Erde geschieht, ist das Ergebnis des kollektiven geistigen Bewusstseins aller auf dem Planeten. Somit lautet die Botschaft, dass jeder die Verantwortung für die eigene Geistesverfassung übernehmen muss. Das dritte Versprechen verweist darauf, wie die Welt von einem Ort sich steigernder Aggression, wo jeder sein Territorium und seine fixen Ideen verteidigt, in einen Ort des Erwachens umgewandelt werden könnte.

Wenn unser Geist und Gemüt kalt und grausam und fähig sind, andere, ohne auch nur darüber nachzudenken, zu verletzen und zu schädigen, brechen Kriege aus und verkommt die Umwelt. Auch das brillanteste politische System kann die Welt nicht retten, wenn die Menschen sich nach wie vor einer auf Angst gegründeten Lebensweise verpflichten. Friede und Wohlstand entstehen aus dem, wie wir, die Bürger dieser Welt, mit unserem Geist arbeiten. Indem wir nicht vor der Unbeständigkeit und den Launen des Lebens davonlaufen, uns furchtlos für sie öffnen, haben wir die Chance, einen Wandel herbeizuführen.

Meiner Ansicht nach ist es wichtig hervorzuheben, dass wir am geistigen Bewusstsein arbeiten, und dann auf dieser Grundlage zur Tat schreiten. Und wir schreiten zur Tat mit dem Verständnis, dass jedermann im Grunde gut ist. Niemand wird rausgeworfen. Niemand wird exkommuniziert und vom Mandala ausgeschlossen. Wenn die entsprechenden Umstände zusammenkommen, können sich sogar Leute, deren Leben nicht gerade vorbildlich war, aufschwingen und anderen helfen. Denken Sie an Oskar Schindler, den deutschen Industriellen, der im Zweiten Weltkrieg Hunderte von Juden rettete, indem er sie in seinen Munitions- und Metallfabriken beschäftigte. Er war nicht der netteste Mensch auf Erden. Für viele war er ein Profiteur, der sich mit der SS-Elite zusammentat. Aber er verteidigte wild entschlossen seine Arbeiter gegen die Bemühungen der Nazis, sie zu deportieren, und wird für seine anständige Gesinnung und seinen Mut immer im Gedächtnis bleiben.

Die meisten Menschen sind, wie Schindler, eine vielschichtige Mischung aus rau und glatt, bitter und süß. Aber wo immer wir im Moment stehen mögen, wie immer unser Leben im Augenblick aussehen mag, das ist unser Mandala, unsere Arbeitsgrundlage für das Erwachen. Das erwachte Leben findet nicht irgendwo anders statt – an einem fernen Ort, der erst dann zugänglich ist, wenn wir alles auf die Reihe bekommen haben. Das Eingehen der Verpflichtung, die Welt bereitwillig anzunehmen, so wie sie ist, lässt uns allmählich erkennen, dass geistige Gesundheit und Gutsein immer gegenwärtig sind und im Hier und Jetzt aufgedeckt werden können.

10 ~ Erwachen auf der Leichenstätte

In Tibet ist eine Bestattung in der Erde unmöglich, weil der Boden die meiste Zeit des Jahres gefroren ist. Stirbt jemand, wird der Körper zerteilt und auf den Leichenacker gebracht, die Begräbnisstätte, wo sich dann die Schakale und Geier und andere Raubvögel daran gütlich tun. Mit den überall verstreut herumliegenden Gliedmaßen, Augäpfeln und Eingeweiden ist diese Leichenstätte ein schauerlicher Ort, an dem man sich wohl kaum länger aufhalten möchte.

Aber an genau einem solchen Ort, umgeben von unmissverständlichen Erinnerungen an den Tod und die Vergänglichkeit, können tapfere Meditierende trainieren, auch unter schwierigsten Umständen wach und präsent zu bleiben. Hier, inmitten einer solch intensiven Atmosphäre, können wir uns äußerst grundlegend darin üben, die Verpflichtung zum bereitwilligen Akzeptieren der Welt einzuhalten.

Die Leichenstätte wurde zur Metapher für das Leben genau so, wie es ist, statt so, wie wir es gern hätten. Ein fundamentaler Ort, an dem viele Arten von Erfahrung simultan existieren. Ungewissheit und Unvorhersagbarkeit, Vergänglichkeit und Wandel, gute Zeiten und schwere Zeiten, Leid und Freude, Verlust und Gewinn –

all das macht unseren Heimatboden aus, das Mandala unseres Lebens, unsere Basis für das Praktizieren von Furchtlosigkeit und Mitgefühl. Das macht unseren potenziellen Reichtum aus, unsere Macht und Kraft. So arbeiten wir mit den Dingen, statt gegen sie anzukämpfen. Wenn wir bestrebt sind, genau da, wo wir sind, Freiheit zu finden, könnte es keinen fruchtbareren Boden für unser Erwachen geben.

Die »Leichenstättenpraxis« testet aus, wie es um unsere Bereitschaft zur Akzeptanz der Welt bestellt ist. Sie dehnt das Spektrum von »so, wie sie ist« weit über das hinaus aus, was wir als komfortabel und angenehm finden. Es ist eine Praxis, bei der wir der gesamten Lebensfülle gegenübertreten, die unannehmbaren, peinlichen, unangenehmen Bestandteile nicht verstecken; bei der wir die eine Art von Erfahrung nicht einer anderen vorziehen; unsere Erfahrungen nicht ablehnen, wenn sie wehtun, oder uns an sie klammern, wenn sie uns angenehm sind. Auf der Leichenstätte treffen wir beides an, Elend und Großartigkeit – die Totalität unserer Erfahrungen als menschliche Wesen –, und entdecken, dass wir beides brauchen, um echte Krieger zu sein. Die Herrlichkeit und Größe des Lebens erhebt unsere Seele, und wir gehen mit Enthusiasmus auf unserem Weg voran. Wenn wir erfreuliche Nachrichten hören oder inspirierenden Lehrern begegnen, wenn wir die Gesellschaft guter Freunde genießen oder uns an schönen Orten aufhalten, wenn wir das Gefühl haben, dass alles ideal und ganz prima ist, sind wir natürlich voller Freude und fühlen uns wohl. Für den Fall aber, dass uns all dieses Glück arrogant oder selbstzufrieden macht oder dem Leiden anderer gegenüber gleichgültig werden lässt, macht uns das Elend bescheiden und demütig. Es durchtrennt jegliches Überlegenheitsgefühl oder Anspruchsdenken, jede Einbildung, dass Komfort irgendwie unser Geburtsrecht sei. Andererseits lässt uns zu viel Elend – zu viel Armseligkeit und Verzweiflung – wünschen, dass wir zusammenbrechen und das Bett nie wieder verlassen. Die Süße und die Härte des Lebens ergänzen sich somit. Größe und Herrlichkeit liefern uns Visionen, Elend erdet uns. Gerade wenn wir schon aufzugeben bereit sind, kann unser Tag durch ein freundliches Wort, den Anblick des Ozeans oder das Erklingen schöner Musik gerettet werden. Und sind wir gerade äußerst hochgemut und werden schon arrogant, können uns ein plötzlicher Unglücksfall, die schlechte Nachricht eines Arztes oder der unerwartete Tod einer geliebten Person wieder abrupt auf die Erde bringen und mit der Zärtlichkeit unseres Herzens verbinden.

Ist das Leben unbequem, sind wir sehr beunruhigt und wissen nicht, wohin wir uns wenden sollen, so sind das die schwierigsten Zeiten, um präsent zu bleiben. Aber gelingt es uns, kann es eben auch überaus lohnenswert sein. Das Präsentbleiben zu praktizieren, wenn wir niedergeschlagen, zutiefst erschüttert oder überwältigt sind, wenn wir mit dem Rücken an der Wand stehen, ist eine Herausforderung. Doch genau dann, wenn es eng wird, haben wir eine ideale Praxissituation. Wir können etwas Radikales tun: Wir können das Leiden als Bestandteil unseres Heimatbodens, als Teil unseres erleuchteten Mandalas akzeptieren und uns unumwunden darauf beziehen. Wir erwachen nicht in einem Paradies, in dem die Umstände wunschgemäß auf uns zugeschnitten sind. Wir erwachen, bildlich gesprochen, auf der Leichenstätte.

Wenn Sie sich also in einer Situation befinden, die zweifellos zur Aktivierung Ihrer gewohnheitsmäßigen Tendenzen führen wird – als eindrückliches Beispiel könnte hier vielleicht schon eine längere gemeinsame Zeit mit der Verwandtschaft angeführt werden –, können Sie sich darin schulen, unbeirrbar zu bleiben und sich voll und ganz genau auf den Ort zu beziehen, an dem Sie sich gerade aufhalten. Wenn Sie auch unter höchst herausfordernden Umständen präsent bleiben können, wird die Intensität der Situation Sie transformieren. Wenn Sie selbst die schlimmste aller Höllen als Ort anzusehen vermögen, an dem Sie erwachen können, wird Ihre Welt sich dramatisch zum Besseren hin verändern.

Natürlich ist das nicht die Art und Weise, wie wir gewöhnlich mit Schwierigkeiten und Unbehagen umgehen. Einige wenige Glückliche scheinen alles als Abenteuer zu betrachten, aber die meisten teilen diese Sicht aufs Leben nicht. Und wenn jemand davon spricht, dass uns unser Leiden eine großartige Gelegenheit zum Praktizieren bietet, nehmen wir das vermutlich nicht gerade willkommen auf. Dass wir, wenn die Dinge unangenehm und angsterregend werden, nach dem nächsten Notausgang Ausschau halten, steckt uns in den Genen. Halten wir uns in einem brennenden Gebäude auf, steuern wir instinktiv auf den Ausgang zu. Viele Leute begeben sich anfänglich auf einen spirituellen Weg, weil sie dem Schmerz entfliehen möchten. Er kann ein guter Antriebsmotor sein, da er uns zur Suche nach Antworten anstachelt. Das Problem ist, dass die meisten ihr ganzes Leben damit verbringen, von einem Heilsversprechen zum nächsten überzugehen, und nie lange genug beim Schmerz bleiben, um etwas aus ihm zu lernen.

Aber früher oder später begegnen wir alle heftigen Emotionen, vor denen wir nicht mehr davonlaufen können. Vielleicht ist es die Angst, die in einer wirklich erschreckenden Situation aufkommt, oder das Gefühl, stark am Haken zu hängen und gleich davongetragen zu werden. Ein Zeichen dafür, dass Sie bewusst oder unbewusst mit der »Leichenstättenpraxis« schon begonnen haben, ist, dass Sie aufmerksam werden, sobald starke Gefühle auftauchen, und dass Sie neugierig werden und auf sie zugehen, statt sie loswerden zu wollen. Wenn Sie offen dafür sind, schwierige Emotionen zum Bleiben einzuladen, und zwar so lange, dass Sie etwas aus ihnen lernen können, befinden Sie sich bereits in einem Geisteszustand, der Ihnen diese Praxis erlaubt.

Alles, was wir über die ersten beiden Versprechen verstanden und verinnerlicht haben, dient als Fundament für die »Leichenstättenpraxis«. Ohne diese Basis würde uns das Arbeiten mit derart heftigen Gefühlen überwältigen. Das Versprechen, keinen Schaden zuzufügen, lehrt uns, *shenpa* zu erkennen, wenn es aufkommt, und darauf zu verzichten, aus der Verwirrung heraus zu handeln oder uns zu äußern. Wir fangen an, uns im Präsentbleiben zu trainieren und unsere Toleranz gegenüber der Bodenlosigkeit zu erhöhen. Mit dem zweiten Versprechen gehen wir einen Schritt weiter und schulen uns darin, uns unserer Gefühle völlig bewusst zu sein, und wenden uns auf der Grundlage dieser Basis anderen zu. Wir entwickeln allmählich ein tiefes Gefühl für unsere Gleichheit mit allen Wesen, Tieren wie Menschen, und spüren, dass ihre Kämpfe und

Bemühungen die unseren sind. In dem Maße, wie wir uns allmählich von unserer Verwirrung und unserem Schmerz befreien, verlangt es uns danach, anderen zu helfen, dass auch sie sich befreien können. Das ist eine weitaus wagemutigere, weniger gemütliche Art zu leben, und es bringt uns direkt mit der Bodenlosigkeit unserer menschlichen Bedingtheit in Berührung.

Haben wir eine stärker mitfühlende und ehrlichere Beziehung zur Welt hergestellt, können wir weiter gehen und unsere noch bestehende Zögerlichkeit im Umgang mit der hässlichen Seite des Lebens überwinden. Haben wir das dritte Versprechen geleistet, lehnen wir nichts mehr ab, was in unserem Mandala des Erwachens auftaucht. Tatsache ist, wir sympathisieren mit der ungepflegten Beschaffenheit des Lebens. Mitten auf diesem fruchtbaren Boden, umgeben von Schakalen und Geiern, nehmen wir unseren Sitz ein und fangen an zu praktizieren. Wir beginnen mit dem Verständnis, dass wir kein tiefgreifendes Wohlbefinden erfahren können, wenn wir nicht mit der groben, schonungslosen Realität arbeiten – statt gegen sie.

Ein Soldat, der unter einem posttraumatischen Stresssyndrom litt, erzählte mir, diese radikal andere Herangehensweise an den Schmerz habe sein Leben gerettet. Er hatte schließlich eine Methode gefunden, mit den immer wieder auftretenden Flashbacks zu arbeiten, in denen er sah, wie ein ihm sehr nahestehender Kamerad direkt neben ihm in Stücke gerissen wurde. Ein Therapeut hatte ihn dazu ermutigt, nicht den Versuch zu unternehmen, diese schrecklichen Erinnerungen und die dadurch ausgelösten Emotionen loszuwerden, sondern sich ihnen vielmehr zuzuwenden, sich in kurzen Sitzungen in seine Emotionen hineinzulehnen und sie so tapfer zu fühlen, wie er konnte. Das hatte ihm erlaubt, sich in Hinblick auf seine Verletzlichkeit und Hilflosigkeit und auch sein Gefühl zu entspannen, der Tod seines Freundes wäre seine Schuld; dass er ihn hätte verhindern können und dass er es nicht verdiente, überlebt zu haben. Nun ließ er die Gefühle kommen, sich in ihrer Heftigkeit aufbauen und wieder vergehen, und ganz langsam minderte sich sein überwältigendes Schuldgefühl und Empfinden, versagt zu haben. Nach drei Jahren konnte er endlich wieder einmal durchschlafen.

Als ich zum ersten Mal mit einem kriegerischeren Geist an das Leben heranging, wollte ich unbedingt, dass irgendwas schiefging, damit ich etwas wirklich Drastisches hatte, womit ich arbeiten konnte. Aber so erpicht ich auch auf die Aktivierung meiner gewohnheitsmäßigen Tendenzen war, um mich dann von ihnen befreien zu können: Bald schon musste ich feststellen, dass es eine sehr demütigende Erfahrung war, als es geschah, nämlich als ein Hund seine Zähne in meinen Arm schlug. Ich empfand tiefes Mitgefühl angesichts dessen, was wir als Menschen da versuchen. Wenn wir diese Praxis ernsthaft ausüben, können uns die Emotionen und Gewohnheitsmuster, mit denen wir arbeiten, mit solcher Wucht treffen, dass wir alles, was wir haben, aufbringen müssen, um nicht davonzulaufen.

Manchmal fühlte ich mich wie Odysseus, der sich an den Mast band, um dem Gesang der Sirenen nicht zu verfallen und zu folgen. Es war, als wollte mich ein riesiger Magnet vom Präsentbleiben wegziehen. Da hatte ich gerade begonnen, bei einem heftigen Gefühl zu bleiben, und schon begann sich eine innere Stimme vernehmen zu lassen mit Ablenkungen wie »Du schaust besser noch mal nach, ob du den Herd ausgeschaltet hast« und »Vielleicht ist das nicht so gut für dein Herz«. Unsere alten Gewohnheiten sind würdige Gegner. Selbst wenn wir darauf aus sind, dass alles zusammenbricht, damit wir die »Leichenstättenpraxis« üben können, machen wir eine Menge durch, wenn es dann tatsächlich passiert. Wir brauchen eine sehr starke Motivation, um dabeizubleiben, weil das Verlangen zu entkommen geradezu übermächtig ist.

Aus der Sicht der »Leichenstättenpraxis« ist das Chaos in unserem Leben nicht besonders schrecklich. Es ist einfach das Material, mit dem wir arbeiten. Es fühlt sich jedoch schrecklich an, und wir mögen es überhaupt nicht leiden. Wir brauchen also Mut und sanfte, mitfühlende Disziplin, um standhaft zu bleiben. Was uns weiterbringt, ist die Tatsache, dass uns die Praxis mit der lebendigen Energie unserer Emotionen in Berührung bringt – einer Energie, die ungeheure Kraft hat, die Kraft, uns zu erwecken. Sie kann uns aufgrund ihrer Intensität aus unserer Neurose, aus unserem mit Angst erfülltem Kokon herausschleudern, sie kann uns in die heilige Welt springen lassen.

Wenn ich vom »Erwachen auf der Leichenstätte« spreche, meine ich keine irgendwie geartete traditionelle Praxisform, sondern vielmehr die Essenz der Praxis. Für mich wird sie in einer der Belehrungen Dzigar Kongtrüls beispielhaft zusammengefasst:

> *Fühl deine Emotionen unmittelbar und selbstlos und lass dich von ihrer Kraft öffnen.*

Ich habe nun seit einiger Zeit mit dieser grundlegenden Praxisanweisung gearbeitet und sie erforscht als Hilfe im Umgang mit unerwünschten Gefühlen und auch als Methode, über Kleingeistigkeit, Selbstgefälligkeit und die selbstsüchtige Blase des Egos hinauszugelangen, als Methode, einen weiteren Schritt in die Bodenlosigkeit zu tun.

Normalerweise sind unangenehme Emotionen nichts, was uns öffnet, sie verschließen uns. Wir haben noch mehr Angst. Der Geist spielt verrückt, denkt sich ausgeklügelte Szenarien aus und versucht herauszubekommen, wie er diese beunruhigenden, unangenehmen Gefühle loswerden kann. Unsere wesentliche Strategie besteht gewöhnlich darin, dass wir anderen die Schuld für unsere Gefühle geben. Und weil wir dazu neigen, so viel auf die äußere Situation zu projizieren, weist Dzigar Kongtrül uns an, unsere gewohnheitsmäßigen Reaktionen zu »durchtrennen« und die Emotionen *unmittelbar* zu fühlen. »Unmittelbar« meint ohne Kommentar, ohne Interpretation, ohne inneres Selbstgespräch über das Geschehen. Es bedeutet, die Emotionen nicht als Gegner anzusehen, sondern sich mit ihnen zu verbinden, sie zu umarmen, mit ihnen vertraut zu werden. Wenn Gedanken aufkommen, dann sollen wir laut Anweisung ihre Schwungkraft unterbrechen und sie ziehen lassen, um uns dann wieder auf die Energie in ihrer Rohheit einzulassen. Wenn wir die rohe Emotion ganz direkt erfahren, ist das so, als würden wir aus Versehen die Hand auf eine heiße Herdplatte legen und den Schmerz als reine Empfindung ohne Ausschmückung spüren.

Wenn Sie eine heiße Herdplatte berühren, ziehen Sie die Hand sofort weg, sobald Sie den Schmerz spüren.

Sie lassen sie nicht dort liegen, um den Schmerz zu erkunden. Nicht anders bleiben wir bei der »Leichenstättenpraxis« zunächst nur ganz kurz bei der starken Emotion präsent. Die Anweisung lautet: »Immer wieder kurze Augenblicke.« Statt den Versuch zu machen, das intensive Gefühl möglichst lange auszuhalten, berühren wir es nur zwei oder drei Sekunden, machen dann eine Pause und sanfte Atemzüge, bevor wir es dann wieder berühren. Wir könnten aber auch einfach fünf oder sechs Minuten bei dem beunruhigenden Gefühl bleiben und uns dann wieder unserem Alltag widmen, wobei wir nun stärker mit unseren Emotionen in Kontakt sind und weniger wahrscheinlich von ihnen hin und her gezerrt werden.

Das »Praktizieren auf der Leichenstätte« ist so, wie wenn man über die Zeit hinweg kleine Schlückchen bittere Medizin zu sich nimmt, statt die ganze Flasche auf einmal auszutrinken. Ganz allmählich, Schlückchen um Schlückchen, Stückchen um Stückchen, schaffen wir die Bedingungen, um für das Geschehen in unserem Körper und Geist präsent bleiben zu können. Wir kultivieren neue Betrachtungsweisen unserer Erfahrungen und Wahrnehmungen, neue Methoden im Umgang mit dem Unbehagen, neue Arten, die Bodenlosigkeit bereitwillig zu akzeptieren. Der unter einem posttraumatischen Syndrom leidende Soldat erzählte mir, dass die Anweisung, die Praxis in kurzen Abschnitten durchzuführen, für ihn entscheidend war, um präsent bleiben zu können.

Die »Leichenstättenpraxis«, wie ich sie beschreibe, wird gewöhnlich an Ort und Stelle geübt – da, wo wir uns gerade befinden, und mit dem, was im Moment vor sich geht. In der Anleitung heißt es: »Lass dich von ihrer Kraft öffnen.« Lass dich von der Kraft und Macht deiner Emotionen öffnen. Nimm in der Mitte deines Heimatbodens deinen Platz ein und erwecke dein Selbstvertrauen – deine innere Fähigkeit, dich für deine Erfahrungen zu öffnen. Wie bei der Praxis der Drei Schritte begeben wir uns voll und ganz in den gegenwärtigen Augenblick und werden gewahr, was wir körperlich fühlen, werden gewahr, was wir auf mentaler Ebene fühlen. Wir haben das Gefühl, total hier zu sein. Dann leiten wir Herzenswärme in unsere innere Situation – in unsere Gefühle, unseren Geisteszustand – sowie in unsere äußere Situation. Wir begegnen allem, was geschieht, mit Neugier und Mitgefühl, distanzieren uns nicht, haben keine Vorurteile gegenüber dem Geschehen, tun nichts, um die Situation zu eskalieren oder zu übertreiben. Wir öffnen uns einfach so umfassend und aufrichtig für sie, wie wir können.

Aber wie genau öffnen wir uns voll und ganz? Diese Frage wird mir häufig gestellt. »Offen sein« oder »sich öffnen« bedeutet für jeden etwas anderes, daher müssen wir jeweils unsere eigene Herangehensweise ausfindig machen. Eine Methode, um das Gefühl des Sichöffnens zu erfahren, besteht darin, auf unsere Sinneswahrnehmungen zu achten. Halten Sie einfach inne und lauschen Sie. Lauschen Sie ein paar Augenblicke aufmerksam auf Laute in Ihrem nahen Umfeld. Lauschen Sie ein paar Augenblicke aufmerksam auf Laute in Ihrem fernen Umfeld. Hören Sie, ohne sich die Wahrnehmung selbst zu beschreiben oder herausfinden zu wollen, was genau Sie da hören. Eine andere Methode besteht darin, dass Sie einen Spaziergang unternehmen und das Hören zu Ihrer vorrangigen Sinneswahrnehmung werden lassen.

Die gleiche Übung können Sie auch mit dem Schmecken machen. Schließen Sie die Augen und lassen Sie sich von jemandem etwas Essbares in den Mund schieben, ohne dass Ihnen gesagt wird, was es ist. Schauen Sie, ob Sie die erste Geschmacksempfindung ohne irgendwelche festen Vorstellungen davon wahrnehmen können. Schauen Sie, ob Sie, und sei es auch nur für einen Augenblick, ein frisches, bedingungsfreies Geschmackserlebnis haben können, nur Geschmack, nichts sonst.

Diese Übung können Sie mit allen Sinnen durchführen. Lassen Sie sich mit geschlossenen Augen von jemandem zu einem kurzen Gang mitnehmen und dann direkt vor einem Objekt haltmachen. Öffnen Sie die Augen und schauen Sie das Objekt an. Schauen Sie es an, als sähen Sie es zum ersten Mal. Oder zum letzten Mal. Wenn Sie wüssten, dass Sie in ein paar Minuten sterben werden, wären Sie automatisch für alles, was in diesen Minuten passiert – die Anblicke, die Klänge, die Gefühle in Ihren letzten Augenblicken –, sehr offen, sehr empfänglich.

Dzigar Kongtrül weist uns auch an, uns »selbstlos« auf unsere Gefühle zu beziehen. Was bedeutet es, Gefühle selbstlos zu erfahren? Es bedeutet, dass wir sie wahrnehmen, ohne sie zu verdinglichen, ohne sie zu konkretisieren, ohne sich an sie als *meine* Gefühle zu klammern, ohne unsere Interpretationen auf sie zu projizieren. Es bedeutet, sie ohne unseren persönlichen Trip zu erfahren. Unmittelbarkeit ist etwas, was wir trainieren können, aber die Bedeutung der Selbstlosigkeit dämmert erst allmählich in uns auf. Das können wir nicht erzwingen. Für mich geschieht das selbstlose Fühlen von Emotionen organisch, natürlich, als Ergebnis davon, dass wir ihnen unsere volle Aufmerksamkeit schenken, frei von irgendwelchen Storys. Die Emotion wird zur Pforte, die zur Egolosigkeit führt – zur Pforte, die uns die Vergänglichkeit, die Flüchtigkeit eines festgelegten Selbst, die Fraglichkeit eines unveränderlichen, verlässlichen »Ichs« erfahren lässt.

Wir entdecken die Selbstlosigkeit nach und nach, doch die Vorbedingung ist immer das Präsentbleiben. Wenn wir ohne jede Ablenkung bei einer Emotion präsent bleiben können, finden wir sehr rasch heraus, wie gegenstandslos, wie flüchtig sie ist. Was so bedrohlich, so massiv, so dauerhaft zu sein schien, beginnt sich aufzulösen, vermittelt uns mit seinem Entstehen, Verweilen und dann Entschwinden eine unmittelbare Erfahrung von Vergänglichkeit. Wir fühlen eine Emotion, und sie droht uns zu überwältigen, aber wenn wir offenbleiben und den Blick direkt auf sie richten, verschwindet sie entweder ganz oder verwandelt sich in etwas anderes. Aus Angst mag Traurigkeit werden. Wut wird vielleicht zu Hoffnungslosigkeit. Freude vielleicht zu Verletzlichkeit. Wenn eine Emotion sich zu verflüchtigen beginnt, wissen wir nie, was aus ihr wird.

Bleiben wir im Angesicht von Vergänglichkeit und Wandel präsent, lässt uns das mehr Selbstvertrauen gewinnen, angstfreier werden, der Bodenlosigkeit menschlicher Existenz mehr Akzeptanz entgegenbringen. Unsere Erfahrung der Selbstlosigkeit vertieft sich. Wir sind tapfer genug, um unsere Emotionen direkt und frei vom Ego zu erfahren, sie verlieren ihren verführerischen Reiz. Die buddhistische Lehrerin Dipa Ma gab folgende Anweisung für den selbstlosen Umgang mit Emotionen: »Wenn du glücklich bist, verwickle dich nicht ins Glücklichsein. Wenn du traurig bist, verwickle dich nicht ins Traurigsein. Sei dir über diese Zustände einfach nur gewahr.«

Wenn wir uns nicht mehr derart in unsere Emotionen verstricken, können wir ihre Macht und Kraft unmittelbar erfahren. Ihre Intensität, ihre dynamische Energie, jagt uns nicht mehr Angst und Schrecken ein, sondern weckt uns auf. Diese Entdeckung machen wir nicht, indem wir die Bitterkeit des Lebens zu transzendieren versuchen. Diese Entdeckung machen wir, indem wir unseren Platz auf der »Leichenstätte« einnehmen im Vertrauen darauf, dass dies der Ort ist, wo wir hingehören. Das ist unser Heimatboden. Hier wachen wir auf. Bei der »Leichenstättenpraxis« nehmen wir uns nicht zurück. In ihrem Verlauf entwickeln wir Appetit auf Wachheit.

Die grundlegende Form der »Leichenstättenpraxis« ist uns vertraut. Im Wesentlichen ist sie die gleiche wie die Praxis der Drei Schritte. Der Unterschied besteht darin, dass sie eine weitaus größere Herausforderung und viel intensiver ist. Wenn Sie feststellen, dass Sie sich verzweifelt wünschen, nicht zu fühlen, was Sie fühlen, dann ist es wahrscheinlich an der Zeit, diese Praxis auszuüben.

Fangen Sie damit an, dass Sie sich voll und ganz in die Gegenwart begeben. Nehmen Sie dann Ihren Platz ein: stehend oder sitzend, voller Freude, ohne Angst und mit Selbstvertrauen und Zuversicht mitten im Chaos und Schmerz Ihres Lebens.

Fühlen Sie Ihr Herz und spüren Sie, dass sich mit diesem unerfreulichen Ort arbeiten lässt, dass hier geistige Gesundheit vorhanden ist. Lassen Sie zu, dass Sie weicher werden, werden Sie zärtlicher, ansprechbarer und neugieriger.

Machen Sie dann einen Sprung hinein in den nächsten Augenblick, »plötzlich frei von einem starren Geist«, wie Chögyam Trungpa es ausdrückte. Schreiten Sie mit Mitgefühl und aufgeschlossenem Geist weiter voran.

Wenn Sie die »Leichenstättenpraxis« auch nur ein paar Sekunden lang ausüben, beginnt sich in Ihnen etwas zu verändern und zu wandeln. Sobald Sie sich der Intensität des Lebens zuwenden und sie willkommen heißen, vermittelt Ihnen das nicht nur eine unmittelbare Erfahrung von Vergänglichkeit, Tod und Selbstlosigkeit, es lässt Sie auch die Bodenlosigkeit des Lebens wertschätzen, des Lebens, so wie es wirklich ist.

Ich kenne Gefängnisinsassen, die jeden Tag die »Leichenstättenpraxis« ausüben. In diesem Umfeld ist die Angst vor dem Tod etwas äußerst Reales. Einer der Insassen erzählte mir, dass er fast ein ganzes Jahr lang Angst gehabt hatte, sich in den Hof zu begeben, weil es Mitgefangene gab, die ihn umbringen wollten. Aber dann stellte er sich in seiner Zelle der Angst ganz direkt und blieb immer wieder unmittelbar bei ihr. Im Ergebnis war ihm, als sei eine Last von ihm genommen, und nun konnte er für alles offen sein, was mit den anderen Männern und ihm vor sich ging. Er konnte sich in den Hof begeben, sich neben jemanden hinsetzen und fragen: »Wie geht's dir so?« Und die Männer erzählten ihm dann, wie schlimm es für sie war. Sein Leben kam ihm allmählich im Vergleich zu dem vieler anderer Insassen geradezu paradiesisch vor. »Wir sterben ohnehin alle«, sagte er zu mir, »also bin ich mehr interessiert daran, mein Leben wertzuschätzen und zu helfen, wo ich kann, als in meiner Zelle zu bleiben aus Angst, mein Leben zu verlieren.«

Nur wenn wir die Realität des Geschehens in unserem Inneren unmittelbar, voll und ganz berühren, können wir auch die Bitterkeit, die Härte, die fundamentale Bodenlosigkeit des Lebens ebenso bereitwillig akzeptieren, wie wir seine Süße willkommen heißen. Aber wenn die äußeren Umstände instabil sind – auch heutzutage sind wir durch finanzielle Unsicherheit, politische Unruhen, Arbeitslosigkeit, Obdachlosigkeit, immer mehr Kriege und Chaos bedroht –, dann lässt sich das sehr schwer bewerkstelligen. Wie können wir also inmitten all dieses Aufruhrs unser Mitgefühl und unsere Freundlichkeit bewahren? Wir wenden uns ihm mit einer anderen Einstellung zu. Jeder Tag bietet die Gelegenheit, auf der »Leichenstätte« zu praktizieren.

Ob wir nun verärgert sind, weil uns jemand den Parkplatz weggeschnappt hat, oder Krankheit, Schulden oder Flashbacks uns überwältigen, alles das sind Gelegenheiten zu erwachen. Auch heutzutage löst die Intensität des Lebens ein hohes Maß an Ängsten und innerer Unruhe aus und schafft das ideale Umfeld für die »Leichenstättenpraxis«. Wir können sie in Häppchen ausüben mit der Einstellung, dass wir voller Selbstvertrauen im Zentrum unseres Lebens stehen und den Alltag als unser Übungsfeld betrachten. Das ist die Zeit und der Ort, wo wir in die heilige Welt eintreten können.

Für uns alle ist es von entscheidender Bedeutung, dass wir eine Praxis finden, die uns zu einer direkten

Beziehung mit der Bodenlosigkeit, der Vergänglichkeit und dem Tod verhilft – eine Praxis, die uns befähigt, mit der Flüchtigkeit unserer Gedanken, unserer Emotionen, mit der vergänglichen Natur unseres Autos, unserer Schuhe, der Malerarbeiten an unserem Haus, in Verbindung zu kommen. Wir können uns auf natürliche, sanfte, sogar fröhliche Art an das flüchtige Wesen des Lebens gewöhnen, indem wir den Wechsel der Jahreszeiten beobachten, zusehen, wie der Tag zur Nacht wird, unsere Kinder aufwachsen sehen und zuschauen, wie sich Sandburgen wieder im Meereswasser auflösen. Aber wenn wir keine Möglichkeit ausfindig machen, uns mit der Bodenlosigkeit und der sich ständig verändernden Energie des Lebens anzufreunden, werden wir immer darum ringen, in einer sich fortwährend verändernden Welt Stabilität zu finden. Und Alter und Tod werden für uns ein schrecklicher Schock sein. Fraglos fürchten sich die meisten vor dem Tod, aber auch das Altern hat seine Schattenseiten. Man hört nicht mehr so gut, der Rücken tut weh, man vergisst vieles. Jüngere Leute sehen dich, sofern sie dich überhaupt wahrnehmen, als verbraucht, nutzlos, jenseits von allem an, und das unterminiert dein Selbstbild.

Wenn wir auf der »Leichenstätte« trainieren, entdecken wir, dass der Tod kein Feind ist und das Altern keine derartig beängstigende Angelegenheit sein muss. Wie ich feststellte, hat das Altern auch gehörige Vorteile. Zum Beispiel lasse ich sehr viel leichter los: Das Wissen, dass alles so schnell vorbeigeht, macht alles, dem ich begegne, außerordentlich kostbar. Ich weiß, dass jeder Geschmack, jeder Geruch, jeder Tag, jedes Treffen, jeder Abschied mein letzter sein könnte. Wenn ich gebeugte Menschen am Stock dahinschlurfen sehe, weiß ich, was mir bevorstehen könnte. Ich habe angefangen, mich mit den alten Menschen so stark zu identifizieren, dass ich, statt zurückzuschrecken, ungeheures Mitgefühl empfinde.

Und da auch ich dem Tod näher rücke, fühle ich mich inspiriert, mich mit folgendem Gebet von Dzigar Kongtrül weiterhin in der »Leichenstättenpraxis« zu üben:

Möge ich, wenn die Erscheinungen dieses Lebens sich auflösen,
leicht und überaus glücklich
alle Anhaftungen an dieses Leben loslassen
und als Sohn oder Tochter heimkehren.

Das dritte Versprechen öffnet uns schnurstracks für die Realität. Wir sind in der Lage, angesichts von Vergänglichkeit und Tod und auch in den am meisten angsterregenden und zutiefst demütigenden Momenten des Lebens präsent zu bleiben. Wir halten nicht mehr nach etwas anderem als dem Jetzt Ausschau, suchen nicht länger nach einer idealen Welt. Endlich können wir mitten auf der »Leichenstätte«, inmitten des Mandalas unseres Lebens, die Bodenlosigkeit, Vergänglichkeit, Alter, Krankheit und Tod kontemplieren und uns mit dem Gedanken wohlfühlen: »So ist es eben. Mein altes Hemd wird nicht ewig halten, und ich werde es auch nicht.«

Schlussworte

Zu diesem Zeitpunkt in der Geschichte sollen wir nichts persönlich nehmen, am wenigsten uns selbst. Denn in dem Augenblick, in dem wir das tun, kommen unser spirituelles Wachstum und unsere Reise zum Stillstand. Die Zeit des einsamen Wolfs ist vorbei.

Prophezeiungen der Hopi-Ältesten
im Jahr 2000

11 ~ Wir werden gebraucht

Als ich mich am absoluten Tiefpunkt meines Lebens befand und völlig niedergeschlagen war, begann ich tagsüber Eulen zu sehen. Ich war zutiefst verzweifelt, schaute auf, und dann saß da auf einem Holzhaufen oder in einem Baum oder oben auf einer Klippe eine Eule – und blinzelte mir zu. Das brachte mich immer wieder dazu, über mich selbst zu lachen und mit einem kompletten Sichtwechsel weiterzugehen.

Ist das Leben hart und schwer, kann eine Verpflichtung zur geistigen Gesundheit die gleiche Art von Weckruf auslösen. Wenn Sie mit einem der Drei Versprechen arbeiten, wird dies Ihnen genau dann eine frische Perspektive geben, wenn Sie es am meisten brauchen – wenn Sie am Rande des Zusammenbruchs stehen.

Nun stelle ich Ihnen eine Frage: Sind Sie bereit, ein Versprechen abzugeben? Ist die Zeit reif für Sie, sich darauf zu verpflichten, keinen Schaden zuzufügen, anderen von Nutzen zu sein und die Welt bereitwillig anzunehmen, so wie sie ist? Sind Sie willens, eines dieser oder alle diese Versprechen Ihr ganzes Leben lang, ein Jahr, einen Monat oder auch nur einen Tag einzuhalten? Wenn Sie das Gefühl haben, dazu bereit zu sein, dann fangen Sie da an, wo Sie stehen, und fassen Sie das

Versprechen für sich selbst, vor einem Freund, einem Mentor oder einem spirituellen Lehrer in Worte. Sie geben dieses Versprechen in dem Wissen, dass, falls Sie es brechen sollten, Sie sich den Bruch einfach eingestehen und von Neuem beginnen.

Der Frage nach Ihrer Bereitschaft, diese Versprechen abzugeben, liegt eine tiefere Frage zugrunde: Sind Sie bereit, sich auf die Reise zu begeben und die Bodenlosigkeit des Lebens zu akzeptieren? Sind Sie bereit, in Betracht zu ziehen, dass Sie sich in die sich stets verändernde, stets ungewisse Realität unserer Situation verlieben? Die Drei Versprechen, so wie ich sie hier präsentiert habe, helfen uns, die Angst vor der Bodenlosigkeit zu verlieren, mit der Bodenlosigkeit vertraut zu werden, sich mit der grundlegenden Ungewissheit und Vieldeutigkeit menschlicher Existenz anzufreunden.

Neulich wachte ich morgens auf und machte mir Sorgen um das Wohlbefinden einer lieben Freundin. Ich spürte es als Schmerz in meinem Herzen. Als ich dann aufstand und aus dem Fenster blickte, sah ich eine solche Schönheit, dass alles Denken aussetzte. Ich stand da mit Herzschmerz wegen des Zustandes meiner Freundin und sah die Bäume, auf denen schwer frisch gefallener Schnee lag, einen violettblauen Himmel und weichen Nebel, der über dem Tal lagerte und die Welt in eine Vision vom reinen Land verwandelte. Und in diesem Moment landete eine Schar gelber Vögel auf dem Zaun, blickte mich an und steigerte mein Staunen noch.

Da wurde mir klar, was es bedeutet, ein schmerzendes Herz zu haben und gleichzeitig von der Macht und Magie der Welt zutiefst berührt zu sein. Das Leben muss nicht entweder so oder so sein. Wir müssen nicht hin und her springen. Wir können wunderschön leben mit dem, was auch immer kommt – Herzschmerz und Freude, Erfolg und Scheitern, Instabilität und Veränderung.

»Bodenlosigkeit«, »Ungewissheit«, »Unsicherheit«, »Verletzlichkeit« – bei all diesen Wörtern schwingt für uns normalerweise eine negative Bedeutung mit. Im Allgemeinen sind wir vor diesen Gefühlen auf der Hut und versuchen, ihnen möglichst aus dem Weg zu gehen. Aber wir brauchen die Bodenlosigkeit nicht zu scheuen. Dieses von uns als so beunruhigend empfundene Gefühl kann als gewaltige Erleichterung und als Freiheit von allen Einschränkungen erfahren werden, wenn wir uns dafür öffnen. Wir können es mit einem so unvoreingenommenen und entspannten Geist wahrnehmen, dass wir uns weit fühlen und voller Freude sind.

Shantideva erlebte es so:

Wenn Existierendes und Nichtexistierendes
vor dem Geist nicht erscheinen,
dann bleibt ihm nichts anderes übrig;
ohne Konzepte ist der Geist zur Ruhe gekommen.

Aber wie kommt dieser Wandel zustande? Wie kann etwas, was wir so sehr verabscheuen, so beruhigend werden? Das Gefühl selbst ändert sich nicht. Wir hören nur auf, uns ihm zu widersetzen. Wir hören auf, das Unvermeidliche zu meiden. Wir hören auf, gegen die dynamische, sich fortwährend verändernde Beschaffenheit des Lebens anzukämpfen, lehnen uns stattdessen zurück und genießen sie.

Chögyam Trungpa machte die gleichzeitig entstehende Natur der Gefühle im Rahmen einer Belehrung über

Langeweile anschaulich, darüber, wie wir uns fühlen, wenn nichts geschieht. Heiße Langeweile, so sprach er, ist das rastlose, ungeduldige Gefühl »Ich will hier raus«. Aber wir können es auch als kalte Langeweile erfahren, als unbekümmertes, weites Gefühl, völlig präsent zu sein, auch wenn wir nicht unterhalten werden, und uns damit wohl und heimisch fühlen. Ganz ähnlich kann sich das Gefühl, an nichts festhalten zu können, das wir »Bodenlosigkeit« nennen, von einem heißen, mulmigen, unangenehmen Empfinden von Bodenlosigkeit, das wir meiden, zu einer kühlen Bodenlosigkeit wandeln, die wir stärkend und zugleich zutiefst entspannend finden. Ich nenne das »positive Bodenlosigkeit«.

Dass wir uns vom Stress befreien wollen, den wir bei der Begegnung mit der grundlegenden Ungewissheit empfinden (vom Unbehagen, von der Anspannung, vom steifen Nacken), ist nur natürlich. Es gibt keinen Grund, uns Vorwürfe zu machen, weil wir die Bodenlosigkeit nicht von vornherein als etwas Positives wahrnehmen. Tatsächlich ist es auch keine schlechte Idee, zur Unterstützung ein gewisses Maß an Sicherheit zu haben, während wir uns der Gewissheit entwöhnen. Aber wie viel des Sicherheitsnetzes brauchen Sie? Das können nur Sie beantworten. Doch zu welchem Halt auch immer Sie greifen – die Übungspraktiken, die ich vorgestellt habe, eine Gemeinschaft von Freunden, die sich auch auf diesem Pfad befindet, ein Lehrer, den Sie respektieren –, Sie halten an diesem Sicherheitsnetz nur vorübergehend fest. Dies alles im Bestreben zu erkennen, dass es letztlich kein Sicherheitsnetz gibt, und mit dem Vorsatz, diese Einsicht als befreiend und nicht als entsetzlich zu erleben.

Es ist fast so, wie es in einer Belehrung des Zen-Buddhismus heißt: Wir brauchen ein Floß, um über den Fluss zu kommen. Wenn wir dann ans andere Ufer gelangt sind, lassen wir das Floß zurück. Wir schleppen es nicht ewig mit uns herum. Der Unterschied in unserer Geschichte ist der, dass das Floß nie über die Mitte des Flusses hinausgelangt. Es treibt sicher dahin, während wir mit dem ersten Versprechen arbeiten, beginnt aber mit dem zweiten Versprechen auseinanderzufallen und löst sich mit dem dritten Versprechen völlig auf. Sich an nichts festhalten zu können ist zu diesem Zeitpunkt jedoch kein Problem mehr.

Chögyam Trungpa pflegte dreimonatige Retreats zu leiten, und einmal fungierte ich dabei als Chefin des Praxisbereichs. Meine Aufgabe war sicherzustellen, dass in der Meditationshalle alles glattlief, dass der Zeitplan eingehalten wurde. Ich war überaus erfreut, als alles wie am Schnürchen lief – und dann warf Chögyam Trungpa uns völlig aus der Bahn. War eine regelmäßige Belehrung für nachmittags drei Uhr angesetzt, kam er am ersten Tag um drei Uhr, am zweiten Tag um vier Uhr und ließ uns am dritten Tag bis fünf Uhr warten. Am vierten Tag warteten wir bis zehn Uhr abends. Um von Bodenlosigkeit zu sprechen! Die für den Zeitplan zuständige Abteilung wusste nicht, wie sie einen Zeitplan aufstellen sollte. Die Köche wussten nicht, wann sie die Mahlzeiten servieren sollten. Nach einer Weile waren wir uns nicht einmal mehr sicher, ob es Tag oder Nacht war.

Es stellte sich heraus, dass dies das bestmögliche Training für das bereitwillige Akzeptieren der grundlegenden Ungewissheit menschlich bedingter Existenz, der fundamentalen Bodenlosigkeit des Lebens war. Wir können so viel schimpfen und zetern, wie wir wollen, wenn unsere sorgfältig ausgetüftelten Pläne umgestoßen, wenn unsere Zeitpläne hinfällig werden, wenn die Leute nicht zum vereinbarten Zeitpunkt erscheinen und dann aufkreuzen, wenn wir sie am wenigsten erwarten. An irgendeinem Punkt aber müssen wir einfach aufgeben, uns dem Leben unterwerfen und offenbleiben für die unbegrenzten Möglichkeiten dessen, was in unserem Mandala erscheinen mag.

Die Drei Versprechen sind außerordentlich hilfreiche Stützen, die uns beim Schritt in die Bodenlosigkeit helfen. Sie bieten eine Anleitung, was wir tun und nicht tun sollen und was wir auf dem Weg zu erwarten haben. Was sie uns nicht sagen können, ist, wie sich das Voranschreiten auf diesem Weg »anfühlt«, wie man es empfindet, vom Widerstand gegen die Bodenlosigkeit zu ihrem bereitwilligen Annehmen überzugehen. Ich denke hier an einen Vergleich, der diese unsagbare Transformation anschaulicher machen könnte: die Erfahrung, dass wir durch eine Operation vom grauen Star befreit werden. Als ich mich eine Woche nach diesem Eingriff umsah und die Welt mit meiner neuen klaren Sicht betrachtete, verschlug es mir den Atem. Es war ein umwerfender Anblick. Ich konnte Wörter wie »lebhaft« und »leuchtend« benutzen, um die Farben zu beschreiben, und Redewendungen wie »weiterer Himmel« und »gewaltige Aussichten«, um die Szenerie zu schildern. Aber alle diese oder irgendwelche anderen mir vorstellbaren Begriffe konnten das Gefühl von Offenheit und Weite nicht angemessen vermitteln, das ich hatte, als ich dieses strahlend farbige, multidimensionale Panorama sah. Bis dahin war mir noch nicht einmal klar gewesen, wie beschränkt meine Sicht gewesen war.

Dieses Erlebnis erinnert mich an eine tibetische Geschichte, die »Der Frosch im Brunnen« heißt. Eines Tages bekam ein Frosch, der sein Leben lang in einem Brunnen gelebt hatte, Besuch von einem Frosch, der am Rande des Ozeans lebte. Als der Brunnenfrosch fragte, wie groß der Ozean sei, sagte sein Besucher: »Er ist gigantisch.« – »Meinst du ungefähr ein Viertel so groß wie mein Brunnen?«, fragte der Frosch. »Viel größer«, war die Antwort. »Du meinst so groß wie mein Brunnen?«, fragte der Frosch ungläubig. »Weitaus größer. Es gibt keinen Vergleich«, erwiderte der vom Ozean kommende Frosch. »Das ist unmöglich. Das glaube ich dir nicht«, sagte der Brunnenfrosch. Also machten sich die beiden auf den Weg zum Ozean, um ihn sich anzusehen. Als der Brunnenfrosch die ungeheure Weite des Ozeans erblickte, konnte sein Geist sie nicht erfassen, und es war ein solcher Schock für ihn, dass er auf der Stelle starb.

Die Reise durch die Drei Versprechen wird nicht die Ursache Ihres Todes sein, aber Sie fast mit Sicherheit sprachlos machen. Sie lässt sich nicht in angemessene Worte fassen, seien es die meinen oder die eines anderen. Sie müssen sie einfach persönlich erleben. Sie müssen diese Reise selbst unternehmen.

Wenn wir uns in den Drei Versprechen üben, finden wir heraus, was uns Menschen möglich ist. Wenn wir nacheinander jedes Gelübde nehmen und in uns integrieren, was es uns zu lehren hat, dann ist das so, als entwickelten wir uns vom Kleinkind – begierig, lebensprühend, aber kaum mit einem Gefühl für das, was kommt – zum erwachsenen, vollständig reifen Menschen, der in einer eindrücklich unwirklichen, aber immer gegenwärtigen Welt lebt.

Die Hopi-Ältesten sagten in ihrer Prophezeiung von 2000, dass wir uns vom Ufer lösen und in der Mitte des Flusses bleiben müssen, im unaufhörlichen Fluss des Lebens, um von diesen turbulenten Zeiten nicht zerrissen zu werden. Aber sie sagten nicht, dass wir es allein tun müssen. »Schau, wer da bei dir ist, und feiere«, sagten sie. »Die Zeiten des einsamen Wolfs sind vorbei.«

Mit den Jahren habe ich allmählich begriffen, dass ich, selbst wenn ich ein einsamer Wolf sein wollte, es gar nicht sein kann. Wir stecken da alle gemeinsam drin, sind so miteinander verbunden, dass wir nicht ohne einander erwachen können. Wir müssen jedermann dabei helfen, sich vom Ufer zu lösen und in der Mitte des Flusses zu bleiben, ohne Rettungswesten, ohne Schläuche und ohne die Absicht, sich jemals wieder an irgendetwas zu klammern. Die Drei Versprechen entlassen uns auf eine begeisternde Reise, eine lebengebende Reise, eine Reise der Wertschätzung füreinander und für unser unbegrenztes Potenzial zum Gutsein.

Der Schrei des Kriegers ist: »Wir werden gebraucht.« Wir unternehmen diese Reise um unser selbst, um unserer Lieben, um unserer Feinde und aller anderen willen. Da wir alle denselben Planeten teilen, ist es verrückt, weiterhin auf eine Art und Weise zu leben, die ihn zerstört.

Mögen wir alle lernen, dass Schmerz nicht das Ende der Reise ist, und auch das Entzücken ist es nicht. Wir können beides gleichzeitig in uns beherbergen – wir können alles in uns beherbergen –, dessen eingedenk, dass alles in diesen unwirklichen, nicht vorhersagbaren, unruhigen und beunruhigenden, begeisternden und herzbewegenden Zeiten eine Pforte ist hin zum Erwachen in der heiligen Welt.

Dank

Meinen Hauptlehrern Chögyam Trungpa Rinpoche, Dzigar Kongtrül Rinpoche und Sakyong Mipham Rinpoche spreche ich aus ganzem Herzen meinen Dank aus für alles, was sie mich gelehrt haben, und für ihre Geduld mit mir.

Meiner treuen und hingebungsvollen Sekretärin Glenda Olmsted und Greg Moloney schicke ich tiefe Wertschätzung und Dankbarkeit für ihre Hilfe beim Tippen dieses Manuskripts und ihre fortwährende Freundlichkeit und Unterstützung.

Tiefer Dank geht an meine Redakteurin Joan Oliver dafür, dass sie all die originalen Transkripte dieser Belehrungen nahm und derart geschickt in ein Buch verwandelte. Mit Joan zusammenarbeiten zu können war ein großes Vergnügen.

Ich möchte auch Dave O'Neal, meinem Lektor bei Shambhala Publications, meinen Dank für seine Hilfe und Ermutigung aussprechen.

Literatur

Brach, Tara: *Mit dem Herzen eines Buddha. Heilende Wege zur Selbstakzeptanz und Lebensfreude,* O. W. Barth, München, Neuausgabe 2013

Chödrön, Pema: *Es ist nie zu spät. Ein aktueller Reiseführer für den Weg des Bodhisattva,* Arbor Verlag, Freiburg 2007

Kongtrül, Dzigar: *Dein Leben liegt in deiner Hand. Die Praxis der Selbst-Erkenntnis auf dem buddhistischen Weg,* Arbor Verlag, Freiburg 2006

Kongtrül, Dzigar: *Licht bricht durch. Das Erwachen unserer natürlichen Intelligenz,* Arbor Verlag, Freiburg 2010

Masters, Jarvis Jay: *Finding Freedom. Writings from Death Row,* Padma Publishing, Junction City, Kalif., 1997

Mattis-Namgyal, Elizabeth: *The Power of an Open Question. The Buddha's Path to Freedom,* Shambhala Publications, Boston 2010

Panchen, Ngari, und Pema Wangyi Gyalpo: *Perfect Conduct: Ascertaining the Three Vows,* Kommentar von S. H. Dudjom Rinpoche, Wisdom Publications, Boston 1996

Patrul Rinpoche: *Die Worte meines vollendeten Lehrers. Ein Leitfaden für die Vorbereitenden Übungen der »Herzessenz der weiten Dimension« des Dzogchen,* Arbor Verlag, Freiburg, 3. Aufl. 2012

Saltman, Bethany: »Moral Combat«, Interview mit Chris Hedges in *The Sun,* Nr. 396 (Dez. 2008). Siehe auch: www.thesunmagazine.org/issues/396/moral_combat? print=all

Shantideva: *Anleitungen auf dem Weg zur Glückseligkeit. Bodhicaryāvatāra,* O.W. Barth, Frankfurt a. M. 2005

Thubten, Anam: *No Self, No Problem,* hg. v. Sharon Roe, Snow Lion Publications, Ithaca, N.Y., 2009

Trungpa, Chögyam: *Das Buch vom meditativen Leben. Shambhala und der Pfad des inneren Kriegers,* Knaur, München 2012

Trungpa, Chögyam: *Der Angst ein Lächeln schenken. Erwecke das wahre Herz der Tapferkeit,* Vorwort von Pema Chödrön, Windpferd Verlag, Oberstdorf 2011

Wheatley, Margaret J.: *Perseverance,* Berrett-Koehler Publishers, San Francisco 2010